Herbert A. Löhlein

Sternenführer der Liebe

Herbert A. Löhlein

Sternenführer der Liebe

Eine amüsante Astrologie

Herbig

Schutzumschlag: Walter Schmögner
Gesamtherstellung: Welsermühl, Wels
Printed in Austria 1977
ISBN 3-7766-0856-0

Inhalt

Freundliche Warnung

Wer mit der Liebe in diesem Leben schon einige Male hereingefallen ist – und das sind nicht wenige! –, der weiß: Liebe macht blind! Es handelt sich, wissenschaftlich gesprochen, um einen Parallaxenfehler im Sehbild, der mit absoluter Sicherheit einige Monate nach der Heirat (bei total »Erblindeten« viel eher) schwindet. Man sagt dann, er oder sie sei »sehend« geworden. Was man sieht, ist gleichgültig. Entscheidend ist: Man sieht es zu spät!

Unbezahlbarer Rat

Außer Liebe auf den ersten Blick, die selten hält, was sie verspricht, sollte man unbedingt noch einen zweiten Blick riskieren – nicht in die ach so blauen Äuglein der Geliebten, sondern: den Blick in die Sterne!
Viel später – meist zu spät – werden Sie wissend: Es gibt Frauen, treu und einsam wie Fixsterne. Aber auch Männer, die sich Doppelsterne halten (wenn nicht gar einen »Dreistern«!), und es gibt Frauen wie Männer, die Sternschnuppen gleichen. Sie schnuppen mal hin und-schnuppen mal her wie kosmische Vagabunden. Aber ein einziger Blick ins »Sternbild« solcher Globetrotter der Liebe verrät die Brüder wie ein Handlinientest oder ein Fingerabdruck.

Die richtige Frau – der passende Mann!

In diesem Büchlein der kosmologischen »Wahlverwandtschaften« werden Sie für geringes Geld (gemessen an den Scheidungsspesen!) unbezahlbare Tips finden, bei welcher Frau oder welchem Mann Sie mit größter Wahrscheinlichkeit sofort »ankommen«. Wir müssen damit leider in Kauf nehmen, daß Männer in ihrem Harem nun sofort die Lieblingsfrau herausfinden. Immerhin – sehr verehrte Braut –, es erspart auch Ihnen den Versuch am »untauglichen Objekt« und bringt Sie gleich von vornherein auf die richtige Fährte, was nur dreimal geschiedene Zwillings-, Waage- und Schütze-Frauen ehrlich zu schätzen wissen! Wir sind gewiß, daß sich keine Frau diese einmalige Chance entgehen lassen wird, auf Anhieb den »Richtigen« zu finden!

Dreimal dürfen Sie wählen

Wir müssen es riskieren, daß die rücksichtslose Aufdeckung geheimer Mördergruben in den zwölf Männerseelen vom Widder bis zu den Fischen die Frauen fasziniert, den Herren der Schöpfung aber zum Ärgernis wird. Wir müssen daher die Leserinnen bitten, diese psychologischen Tips charmant zu verwerten und mit den erotischen Enthüllungen über die Männerseele nicht etwa Schindluder zu treiben!
Wer mangels Freizeitgestaltung oder verschärfter Automation seines Lebens in der ersten oder zweiten Jugend versäumt hat, eine Hochschule der Liebe zu absolvieren, der möge zum Sternen-Führer greifen – dieser »letzten Betriebsanweisung für ein liebendes Herz«! Der Cicerone zeigt ihm den wirklich passenden Part-

ner. Wer sich trotzdem den falschen Stern heraussucht, der ist selber daran schuld. Friede seiner Asche!

Die Frau – der Mann – vom »anderen Stern«

Es ist keineswegs abwegig, wenn wir behaupten: Alle Dinge, wichtige wie unwichtige, stehen in einer einmaligen Beziehung zu Ihrem Wesenskern!
Die »Wahl des Bezüglichen« zeigt sich intuitiv. Jede Frau weiß, was sie kleidet, findet das richtige Make-up, den richtigen Hut. Es gibt aber noch andere, Ihnen vom Schicksal »verpaßte« Dinge, und dazu gehören der Mann – oder die Frau – vom anderen Stern. Dieser »Stern« befindet sich in jenem Tierkreiszeichen, das zu Ihrem eigenen in harmonischer Verbindung steht, und er stellt eine Art »Schicksals-Test« dar, der Ihnen den Weg zu sich selbst, aber auch zum »Du« enthüllt!
Die Nachfrage nach dem »Du« vom anderen Stern ist trotz unserer atomaren Zeit ebenso groß wie im Biedermeier oder Rokoko – zum Glück der Standesämter, der Schlafzimmer-Fabrikanten und der Juweliere. Daß wir uns aber zeitweise von imaginären Sternen herunter auf den irdischen Schauplatz begeben müssen, wo das Karussell der Liebe seit uralten Zeiten munter läuft, wo die Krinoline von Liebe und Ehe bald hinauf-, bald herunterschwankt, läßt sich nicht vermeiden. Die irdischen Pärchen aus Fleisch und Blut, die sich auf unserer Krinolinen-Schaukel der Liebe, Arm in Arm, Dinge zuflüstern – uralt und ewig modern – sind nun allerdings keine Leutchen von gestern!
Im Falle von »Eva« handelt es sich sogar um ein recht munteres Hosenmädchen mit einem sehr unbekümmerten Schnäbelchen. Es darf Sie nicht bekümmern

oder gar schockieren, wenn von dieser modernen »Eva« zuweilen die Wahrheit gesagt wird, denn auch dieses Mädchen hat sich etwas gewandelt (oder sind es die »Sterne«?). Sie steckt heute in einer grün- oder rotkarierten Fadennudel-Hose, hat einen schwarzen Kurven-Pulli und trägt oben, wo im Zeichen Widder der Kopf ist, einen Pferdeschwanz! Dies nur als Gleichnis, wie sehr sich die Zeiten und die Frauen wandeln!
Gleichgeblieben ist die Liebe! Immer noch hängt sie wie ein farbig-bunter Luftballon am Himmel der eigenen Phantasie – jener Phantasie, mit deren Hilfe sich ein junges Mädchen oder ein junger Mann unserer Zeit den idealen Partner vorstellt – wie er sein sollte, wie man ihn sich wünscht.
Wäre es also nicht eine ganz schöne Sache, zu wissen, wie der Partner »vom anderen Stern« denkt, fühlt – was er sich ersehnt, erhofft?
Daran krankt so manche Ehe, daß man den Partner nach eigenem Maßstab mißt und von ihm Dinge erwartet, die er gar nicht erfüllen kann. Könnte man aber nicht »ein wenig nachhelfen« – corriger la fortune –, sich ein wenig einfühlen in die Psyche des anderen?
Dazu ist unser Sternen-Führer der Liebe geschaffen! Wir dürfen Ihnen versichern: Es wird nichts beschönigt, und die geheimen Seelen-Enthüllungen tragen kein rosarotes Schleifchen, denn auch Evas Wunschträume riechen nicht mehr absolut nach Flieder. Ehrlich gesagt: Ein herzhafter Wind weht in den folgenden Seiten – zu Ihrer eigenen Erfrischung!
Es gibt viele »Ratschläge für Liebende«, viele Kopfkissenbücher und so manch überlegene Aperçus über die Ehe, aber es gibt nur einen einzigen *»Sternen-Führer der Liebe«*,

Ihr *Herbert A. Löhlein*

Die Sex-Bombe im Zeichen des Widder?

Von den Lieblingsmännern der Widder-Frau (21. März bis 20. April)

Lassen Sie die Männer nur reden, verehrte Widder-Dame! Wenn diese Brüder von Ihnen als »Sex-Bombe« oder »Mars-Weib« sprechen, so haben sie Sie vermutlich unterschätzt und in Ihnen ihren Herrn und Meister gefunden, was im jetzigen Zeitalter der untergehenden Cäsaren-Naturen sowieso häufiger vorkommen wird! Diese mutwilligen Eroberer haben wohl in einem überheblichen, ja selbstmörderischen Augenblick versucht, mit Ihnen Schlitten zu fahren. Diese jäh Erwachten, im Geiste Skalpierten und von Ihnen wonniglich Entschärften sprechen jetzt von Ihnen als einer rasanten »Männer-Verzehrerin«, einem autoritätshungrigen Mädchen, einem weiblichen Feldwebel oder gar einem »Mannweib«!

Sie allein aber wissen es: »Wer regiert, hat mehr vom Leben!« In Ihr Widderzeichen (Herrscher ist der Mars!) ist mit rotem Garn der alte Herrscherspruch eingehäkelt: »Teile und herrsche!« Teilen Sie sich ruhig die Freunde, die Männer ein – einen zum Kochen, einen für den Haushalt, einen zum Ausgehen! Es ist wahr: So

ganz taugen Sie nicht zum heimatlichen Herd, zum Unterwürfigsein, zur Befehlsempfängerin oder Kindergärtnerin!
Sie brauchen das vollsaftige Leben, den Wind aus allen vier Ecken, denn mit einem gelegentlichen Sturm im Wasserglas ist Ihnen nicht gedient! Reden wir also nicht lange um den heißen Brei herum: Sie trachten nach Leitung und Führung – auch in der Liebe, auch in der Ehe! Gottseidank gibt es noch Männer, die geführt sein wollen! Und solche, die froh sind, wenn Sie den jeweiligen Laden werfen. Genieren Sie sich also nicht – die Natur (bzw. Ihr Stern!) hat es so gewollt!
Daß es heute viele Mädchen gibt, die mit Hosen durchs Leben wandern, sieht man allenthalben. Ihnen aber sind sie in Wahrheit zugedacht! Wir wollen nur am Rande Zarin Katharina die Große oder Kleopatra erwähnen – diese anmutigen Widder-Damen hatten beispielsweise einen soliden Mars im Gemüt.
Ihre Devise sei daher: Nur nicht weich werden – und nur keinen Streit vermeiden! Seien Sie uns bitte nicht böse, aber wir führen Sie nur an Ihren wirklichen geheimen Wesenskern heran: Betriebsamkeit, Unternehmungslust, Arbeitskraft, Organisationsgabe und Lebensmut (auch zu hohen Preisen) stehen darin! Solch eine Frau hat keine Freude am Lämmchenhüten und Fliegenfangen. Man findet Sie daher oft als Geschäftsfrau, Geschäftsführerin, im Handel, als Ärztin, Zahnärztin, Chemikerin, auch im wissenschaftlichen Sektor, im Labor, im Buchhandel, in Fachwissenschaften, auf Reisen, in der Technik (Autoverkäuferinnen), als

leitende Angestellte, beim Aufsichtspersonal und als Chefsekretärin!

Man kann einer echten Widder-Frau schon zutrauen, daß sie jederzeit einen Wirbel zuwege bringt, selbst wenn kein Anlaß dazu vorhanden wäre. Es gibt aber keinen unterhaltenderen und schöneren Wirbel als den in der Liebe und mit den Männern. Das Widder-Mädchen weiß das schon sehr früh und versäumt nicht gern die ihr zustehenden Entwicklungsabschnitte, die – vom psychologischen Standpunkt aus gesehen – einer mehrmaligen Schlangenhäutung gleichen.

Bis sie freilich den »Richtigen« findet, liegen gut und gern ein Dutzend Männer auf der Strecke, von denen jeder einen Bestseller schreiben könnte: »Mein Leben für eine Widder-Frau«.

Schon der alte Mantegazza hat dies gewußt! Jüngeren Widder-Damen, die von erotischen Klassikern nichts mehr wissen können, sei Mantegazza selbst zitiert: »Wenn die Frau in den Armen eines Mannes liegt, den sie liebt, will sie in die Höhe schauen, um seinem Blick zu begegnen, will sich auf die Fußspitzen stellen, um ihn küssen zu können. Gott hat sie von Gestalt kleiner gemacht, damit sie von unten emporsehen kann. Wenn jedoch sie es ist, die die Augen senken muß, werden diese klein, die stolzen Blicke scheinen sich in beschämte zu verwandeln, sie drücken Beschützen und nicht Bewundern, vielleicht Zärtlichkeit, aber niemals Stolz aus, und wenn sie nicht sagt: ›Oh, wie bist du klein‹, so deswegen, weil sie gut ist und das Mitleid verhehlt, um den, welchen sie liebt, nicht noch kleiner zu

machen. Auch ist den Frauen nichts verächtlicher als Schwachheit. Sie können die des Körpers verzeihen, aber nie die der Seele. Das ist so wahr, daß die wildesten Briganten stets leidenschaftliche Geliebte, die genialen Männer, selbst die alten, stets verliebte Frauen haben werden...«
Offenbar hat Mantegazza dies alles für die Widder-Frau geschrieben, denn dieses liebe Wesen hat nie im Leben die Absicht, zu ihm »hinaufzuschauen«. Aber wir leben ja auch nicht mehr um 1880, sondern im Zeitalter der H-Bombe, und die Widder-Frau hat ein paar Urankerne in ihrem Herzen, die, wenn sie einmal explodieren, einen ganz schönen Atompilz produzieren können!
Männer, die es angeht: Laßt die Finger von der Widder-Frau, wenn ihr noch das Märchen von der Überlegenheit des Mannes aufrechterhalten wollt! Der »Urlaub von der Ehe« wäre irgendwann einmal fällig, und keine Krankenkasse bezahlt solche Nervenkrisen. Ehen mit Widder-Frauen senken allerdings den Kalkspiegel in den Adern, aber das können sich nur kernige Männer leisten. Und diese sind geboren unterm Löwen, unterm Schützen und ebenfalls unterm Widder. Die Löwen stehen der »Widerspenstigen Zähmung« am erfolgreichsten durch. Gewiß – es fehlen ihnen einige Haare im Fell und sie müssen oft brüllen. Aber irgend etwas am Löwe-Mann imponiert dem Widder-Mädchen ungeheuer – wir wollen nicht darüber reden, aber Goethe, der erfahrene Olympier, hat einmal verkündet, daß »alles Ach und Weh der Frauen aus einem

Punkte zu kurieren sei«. Der Schütze-Mann ist eine herrliche Betriebsnudel und findet in der Widder-Frau so viele Parallelen, daß er auf die übrigen elf Sterne verzichten kann. Der Widder-Mann aus dem gleichen Zeichen kämpft nach den Flitterwochen bis zur Selbstvernichtung um das letzte Wort. Der Wassermann-Mann gehört auch zu den Lieblingsmännern der Widder-Frau, und das formelle »Anbandelungsverfahren« gelingt hier auf Anhieb. Beim ehelichen Einschmelzungsprozeß aber beginnt hier der kritische Punkt, denn eine Widder-Frau will »besitzen« – mit Haut und Haaren. So wird dem Wassermann-Mann die Ehe zum Krematorium seiner Freiheitsgelüste.

Von den Lieblingsfrauen des Widder-Mannes (21. März bis 20. April)

Einst waren Widder-Männer Konquistadoren, Eroberer und Piraten! Heute sind sie solide Geschäftsleute, Verleger, Chirurgen, Autoverkäufer oder »Waffenträger«. Sie werden auch nicht mehr von den Frauen, sondern von der Managerkrankheit, von Quartalsbilanzen und dem Finanzamt mürbe gemacht. Auch die Liebe zerlaugt manch unternehmendem Widder-Mann beizeiten die Herzkranzgefäße. Dann sehnt er sich nach nomadisierendem Liebesleben endlich auch nach dem ehelichen Hafen, der aber selten ein stiller Ankerplatz zu werden verspricht. Es gibt übrigens sogar sehr viele

Widder-Männer, die früh heiraten, denn unter diesem Zeichen wütet man gerne gegen sich selbst! Nicht selten wird er dann für unerfahrene und gutmütige Partnerinnen zum diesseitigen Fegefeuer, aus dem manch zartes Mädchen als »wissende Frau« hervorgeht – eine seelische Wandlung, die ihr nicht nur die Augen, sondern auch den Schnabel öffnet. Die Rededuelle sind meist von Geräuschkulissen untermalt, die dem Rundfunk manch realistisches Hörspiel liefern würden!
Natürlich weiß ein Widder-Mann früher als alle anderen Typen, was er will: nämlich selbständig sein! Sollte in ihm eine verwundbare Seele wohnen, so wäre dies ein Versehen von der Natur, oder aber es entspränge einem bettlägerigen Mars in seinem Horoskop. Aber selbst solch ein »entschärfter« Widder-Mann würde noch sein Innenleben ins Panzerhemd der rauhen Schale klemmen und mit befehlsgewohnter Stimme die Achillesferse im Gemüte tarnen! Hauptsache – man glaubt ihm. Daß beispielsweise einer der geschundensten Schwerarbeiter-Berufe, nämlich der Lehrer, mit Widder-Geborenen geradezu überbesetzt ist, läßt erkennen, welche Energie, Selbstüberwindung und Organisationsgenie diesem Zeichen innewohnen! Ob nun dieses Autoritätsmonopol auch in der Ehe standhält, ist eine andere Frage, denn so mancher Widder-Mann, der »auswärts« mit dem Kopf durch die Wand rennt, findet in seiner besseren Hälfte einen widerstandsfähigen Betonpfeiler, der ihn dann langsam und stückweise zermürbt. Es ist nämlich der erste Ansturm, mit dem ein Widder-Mann siegen will und muß!

Die Willenskurve dieses Zeichens ist häufig auf Hochspannung und ähnelt einem Seismographen bei mittlerem Erdbeben. Manchmal treibt daher der Widder-Mann Raubbau an Nervenkräften, denn spontane Willensakte wechseln mit Kurzschlüssen im Geistigen. Die »berserkerhaften« Gemütszustände kennt am besten der Widder-Mann. Wäre er ein Psychologe, würde er seinem Willensgetriebe eine Art Schwungscheibe einbauen, um damit einen Energieausgleich für die toten Punkte zu bekommen.
Somit braucht er eine Art »Ökonomie des Willens«, also eine Bändigung der ungestümen, oft hemmungslosen Energien, die seine Partnerinnen manchmal zur Verzweiflung bringen. Das andere erfolgsschädigende Verhalten ist seine Ungeduld, seine Improvisationslust und der »Drang zum Tun« schlechthin. Er ist der Erfinder der Managerkrankheit und der Totalumbrüche in seinem Leben, denn nichts bleibt hier absolut stabil – am wenigsten aber die Liebe und die Ehe! Widder-Männer können aber auch anders sein: etwa mit der »Lieblingsfrau« aus dem Zeichen Löwe! Hier führen alle »Aussprachen« immer wieder zu herrlichen Versöhnungen und neuem Liebeszauber. Diese Zauberei ist freilich beim Widder-Mann kurzfristig limitiert, aber intensiv! Genau gesagt, ist er ein »Anormalverbraucher« in der Liebe, und solange sein Lämpchen glüht, konsumiert er einen Stern nach dem anderen, bis er den halben Himmel abgegrast hat!
»Es muß was Wunderbares sein, von dir geliebt zu werden!« – singt die Schütze-Frau (die andere Lieb-

lingsfrau des Widder-Mannes), weil sie selber einem ruhelosen Kometenschweif gleicht. Und wenn sie mit dem flackernden Sternbild des Widder in Kontakt kommt, so finden sich zwei ruhelose Herzen, legen Fernweh und Betriebsamkeit als Morgengabe zusammen und gründen eine Ehe, in der die Versöhnungen noch kurzfristiger, die Aussprachen aber blumiger und genußreicher sind! Ehen mit dem eigenen Sternbild Widder bringen Kurzschlüsse und enden nur mit einem völligen K.o.-Sieg eines der Partner. Von da ab ist er dem anderen untertan, Invalide oder Rentenempfänger.

Aber wie schon erwähnt: Es ist nicht mehr so wie früher – auch nicht unterm Widder! Die meisten suchen nur noch ein Zuhause und eine nicht zu teure Freundin. Denn die Illusion, »frei zu sein«, zu gehen, von wannen und hinnen sie wollen – das müssen Widder-Männer haben! Und wenn sie nur einmal (im späten Alter) mit dem Hund um den Hausstock herumgingen. Es ist alles relativ im Leben!

Und die Sterne? Man frage einen Widder-Mann, was er von den Sternen hält. Er wird lächeln. Ein Widder-Mann genügt sich selbst und ist sein eigener Stern – ein Fixstern natürlich!

Liebe – groß geschrieben!

Für die Stier-Frau
(21. April bis 20. Mai)

Von den Lieblingsmännern der Stierfrau müssen wir noch ausführlich reden, denn unter diesem Zeichen wird die Liebe endlich einmal todernst genommen! Man weiß, daß Stier-Frauen fast immer sehr hübsch sind und treu umsorgende Gattinnen sein können. Männer, die Stier-Frauen verloren haben, wissen es ebenfalls, denn sie kommen immer mehr herunter. Bis sie jenen Grad der Verwahrlosung erreicht haben, an dem sich nur ein einziges weibliches Wesen noch ihrer erbarmt – und das ist wieder eine Stier-Frau! Geborene Helferin, Köchin und Bemutterin einsamer Zimmerherren und abgerissener, herumvagabundierender Männerseelen! Nur sie hat die grenzenlose Geduld, aus nichts etwas zu machen und bringt es in Anlehnung an die sieben Schöpfungstage fertig, einen männlichen Ruinenhaushalt dermaßen neu zu organisieren, daß sein Inhaber vor Ordnung nichts mehr findet.

Dieses »Schalten und Walten der züchtigen Hausfrau« wird nicht von allen Männern so absolut geschätzt und gewertet – am wenigsten von den Zwillings- und Wassermännern, die also keineswegs zu den Lieblingsmännern der Stier-Frau gehören! Eine echte Stier-Frau krankt sofort an Herzkranzgefäßverengung, wenn sie an diese souveränen Beherrscher der Unordnung gerät! Man findet es immer wieder bestätigt: Die Stier-Frau hat nun einmal einen Zug zum »Verschönern«, zur Sauberkeit und zur Ordnung. Einmal mit einer Stier-Frau verheiratet, werden Sie wieder täglich frisch rasiert sein! Sie werden Abschied nehmen müssen von dunkelweißen Hemdkragen. Jeder Knopf sitzt künftig, und auf Ihrem Schreibtisch ist, nach dem Glauben Ihrer Stier-Frau, alles griffbereit, aufgeräumt und durchorganisiert. Sie bekommen wieder ein geregeltes Einkommen und eine (nach Lutherschen Grundsätzen) geregelte Erotik, verlieren Ihre Stammtische und Kegelabende und werden ein anständiger Bürger!

Eine Stier-Frau könnte sich viele Nieten im Liebes- und Eheleben ersparen, wenn sie gleich den Richtigen nähme: Er ist vor allen Dingen ein Steinbock-Mann! Gerade er sehnt sich so nach Gleichmaß, Ordnung und jener unerschütterlichen Seelenruhe, die ihn in seinen geschäftlichen Unternehmungen nicht übermäßig stört. Und die jenen langen Atem besitzt, um seinen sozialen Aufstieg abzuwarten. Allerdings ist auch die Geduld einer Stier-Frau kein Nylonseil. Wenn es einmal reißt, ist der kritische Punkt in der Ehe erreicht. Es wird immer ein Gewitter daraus, und es wird gut sein, wenn Sie ein Foto Ihrer Stier-Frau vor der Ehe besitzen, denn Sie werden sie nicht wiedererkennen!

Stier-Leidenschaften haben eine Kompression, die – auf Flaschen gefüllt – ganze Propangas-Küchen ernähren könnten! Lange und unter Druck im Verborgenen blühend, wirken sie, einmal vom Deckel befreit, wie ein Taifun (die meisten amerikanischen Taifune haben daher weibliche Namen!). Auch dem Steinbock-Mann wird daher manches nicht erspart bleiben. Der andere Lieblingsmann: Der Jungfrau-Mann entdeckt an der Stier-Frau vor allem das Kochtalent, denn er will gut und reichlich ernährt sein. Dafür erfreut er das Herz der Stier-Frau mit seiner kalkulierenden Gründlichkeit und seinen Fünfjahresplänen. Und beide haben ein gleiches »literarisches« Hobby: das Sparkassenbuch! Eine Stier-Jungfrau-Ehe steht also wie ein Bunker in den Stürmen des Lebens, denn seine Betonpfeiler sind Bausparkassen, Bankauszüge und Lebensversicherungen! Der Partner aus dem gleichen Zeichen verheißt vergnügliche Tage, denn Eigensinn plus Trotz ergibt Krach!

Schon alte kulturhistorische Aufzeichnungen berichten von den sagenhaften Vorzügen der Stier-Frau! So steht auf Keilschriftziegeln der Assyrer, daß Assurbanipal seine Lieblingsfrauen vorwiegend aus dem Zeichen Stier nahm. Auf einem dieser Ziegel steht zu lesen: »Es ist alles an ihr zu gebrauchen: ihre wundersame Lieblichkeit, ihre Kochkunst (!), ihr Schönheitssinn, ihre Sing- und Tanzkunst und ihre schwellenden Formen als Tempeltänzerin ...«

Man sieht – es hat sich nicht viel geändert in dreitausend Jahren! Auch heute wünschen die Männer vorwiegend eine Frau, die »zu allem zu gebrauchen ist« – zum Kochen, Nähen, Bügeln – die aber obendrein noch »lieb-

lich« anzusehen ist und hinsichtlich der Formen das Auge entzückt!
Zwar – von den »schwellenden Formen« kommt die Stier-Frau mehr und mehr ab, da solche in reiferen Jahren immer schwerer zu bändigen sind. Die Kämpfe mit Kuchen, Sahne und irdischen Genüssen sind unterm Stier geradezu grausam, denn die Stier-Frau liebt über alles die diesseitigen Genüsse. Auch in der Liebe leistet sie Erstaunliches, was ja schon Assurbanipal wonniglich entzückte, und dieser asiatische Potentat hatte vermutlich genügend Auswahl unter allen »Sternen«. Daß die Stier-Frau mit seelisch müden Männern nichts anzufangen weiß, kommt von der Venus (der Herrscherin des Zeichens Stier!), diesem schönheits- und liebeshungrigen Stern!
Es muß noch gesagt werden: Für das »Einnehmen« und Aufbewahren von Geld hat diese Frau einen zarten Sinn. Natürlich hat sie auch etwas zu bieten als Morgengabe: In ihrem meist hübschen und männerbetörenden Köfpchen nisten Eigensinn und Unnachgiebigkeit, Hartnäckigkeit und Ausdauer im Realisieren ihrer noblen Wünsche.
Wenn das Zündholz zum Pulver kommt, so kracht es aus gesetzmäßigen Gründen. Wenn daher Skorpion-, Löwe- oder Wasser-Männer in das Leben von »Stier-Frauen« »treten«, so ist mit gleichartigen Effekten zu rechnen wie etwa von Zündern zu Atombomben. Einen Rat, verehrte Stier-Dame: Bügeln Sie die Plissee-Falten im Gemüt und jeglichen Ärger gleich selber wieder aus, denn ständiger Krach unterhöhlt die stärksten

Männer, und es gibt heute zuviel weibliche Angebote! Das konnte sich nur noch Eva im Paradies leisten, denn sie war autark – Adam mußte zu ihr zurück, selbst wenn sie einmal bockte! Heute aber gehen Männer einfach »fremd«, und dieser Umstand bringt Ihnen die Eifersucht – ein wahrhaft nukleares Gefühl, das Sie um die schönsten Jahre Ihres Lebens brächte!
Eifersucht ist ein Charakterzug, den die antike Venus noch nicht kannte – es gab ja schließlich noch weniger Konkurrenz! Die Götter legten der Venus überdies alles gleich freiwillig zu Füßen. Aber dafür sind heute die Preise zu hoch! Selbst für nächtliche Tempeltänzerinnen, die tagsüber gut kochen. Trotzdem – seien Sie nur nicht kleinlich, denn Ihr guter Geschmack ist eine Vierzimmerwohnung wert! Und für gepflegte Schwanenschultern ist kein Nerz zu teuer!
Im ganzen, verehrte Stier-Dame, ist uns für Ihre materielle Zukunft nicht bange, denn ein gut verdienender Mann ersetzt auch ein schlechtes Horoskop. Und Sie sind die einzige, die das schon bald nach dem Kindergarten weiß: Reich gefreit hat noch niemand bereut! Am wenigsten eine Stier-Frau!

Von den Lieblingsfrauen der Stier-Männer (21. April bis 20. Mai)

Kein Stier-Mann baut ein Haus aus lauter Liebe! Im ersten Liebesfrühling hat er gewöhnlich so viele Lieb-

lingsfrauen, die er alle gleichzeitig »testet«, daß er noch gar nicht zur Heirat kommt. Er nimmt die Liebe übrigens todernst, macht sie zu einem Problem schlechthin und mißt mit soviel Maßstäben – von handfest körperlich-erotischen über seelische Qualitäten bis zum Kochtopf und anderen diesseitig-materiellen Fundamenten! Selten vereinigt eine einzige Frau alles in sich, wovon ein Stier-Mann im Frühling träumt.
Die Sicherheit, »nicht hereinzufallen«, ist für ihn so wichtig wie etwa ein genauer Kostenvoranschlag zu einem Haus! Man muß ihm aber zugute halten, daß er die »Richtige« bis ans Ende ihrer Tage verfolgt und auch vor Dutzenden von »Körben« nicht zurückschreckt. Es gibt wenig weibliche Wesen, die – von einem begehrenden Stier-Mann ernstlich »verfolgt« und aufs Korn genommen – noch einmal davonkommen!
Sagt sie aber »ja«, so sind die Schicksalswürfel gefallen, und jetzt gehört sie dem Stier-Mann mit Haut und Haaren. Und dieser allerletzte, auserkorene Liebling weiß inskünftig, was Eifersucht heißt. Wir wollen Ihnen nicht gerade Angst machen, aber jene Männer, von denen ab und zu in der Zeitung berichtet wird, daß sie ihre Wohnungseinrichtung zu Kleinholz hackten und auf die Straße schmissen – das waren Stier-Männer!
Der Stier-Mann ist ein Mensch der ausschließlichen Besitzergreifung mit »eisernen Grundsätzen«. Er allein weiß, daß in seinen seelischen Untiefen ein Berserker lauert. Aber er läßt diesen Höllenhund nur in schwersten Fällen von der Kette. Sie flüchten dann am besten in einen Eisschrank oder zu Ihrer Großmutter aufs

Land! Eine Frau, die solch eheliche Katastrophen unterm Zeichen Stier überdauert, hat künftig weder vor einer Maus noch vor dem Zahnarzt Angst!
Natürlich gewinnen Sie auch etwas mit dem Stier-Mann: vor allem einen sicheren Hafen, ein genau abgezirkeltes Wirtschaftsgeld, einen Haushaltsplan und Ihre ehelichen Pflichten bzw. Rechte! Von jetzt an ist alles verläßlich, nichts ist auf Sand gebaut. Nur mit dem lockenden Abenteuer ist es vorbei, denn vor Ihrem Herzen liegt jetzt die eheliche Bannmeile, deren Übertretung jedem Einbrecher als Lohn der Angst das halbe Leben kostet.
Es ist alles halb so wild, wenn er die richtige Partnerin bekommt! Dieser maßgeschneiderte Stern ist stets unterm Zeichen Steinbock geboren, denn diese Frau haßt Hasardeure und eheliche Gewitter. Mit ihr kann der Stier-Mann ein ganzes Leben lang Pläne schmieden – es werden immer Rentabilitätsberechnungen daraus.
Nicht zu vergessen: Die nüchterne, kritische und »kühle« Jungfrau-Frau gehört ebenfalls zu den Richtigen – aber es bedarf vorher einer »Ehe auf Probe« (etwa beim Camping!). Man behauptet zuweilen, daß die Jungfrau-Frau mit den Leidenschaften des Stier-Mannes nicht ganz Schritt hält. Aber der soziale Aufstieg wäre gewiß!
Stier-Männer wissen von sich selbst, daß sie beträchtlich lange leiden können, ohne zu platzen. Wenn es aber einmal soweit ist, dann liest man in der Zeitung jene erschütternden Berichte von geschlachteten Wohnzimmern, die – zu Spänen zerhackt – unten auf

der Straße landen! Männer – bisher im Rufe völliger Gemütsruhe und ohne alle polizeilichen Vorstrafen –, die im Zorne über sich hinauswachsen, sind stets Stier-Männer! Sie haben eine lädierte Venus im Horoskop, weshalb sie ihren eigenen Venustempel in Trümmer legen. Die Überlebenden – die »Trümmerfrauen« – schauen dann, voller Zähren und wundgeweint, auf den Rest ihrer Habe aus glücklichen Tagen. Auf ihren Stier-Mann aber nur noch mit dem Blick eines scheuen, gehetzten und sprungbereiten Rehs. Sehr erfahrene Frauen wissen, daß Stier-Männer aber durchaus in der Lage sind, selbst aus Scherben wieder eine neue Zukunft aufzubauen. Und so harren sie denn bei ihm aus. Aber in ihrem Herzen wohnt inskünftig die Vorsicht, das Mißtrauen und – die Angst!

An jedem Finger einen!

Die Lieblingsmänner der Zwillings-Frau (21. Mai bis 20. Juni)

Auf dem ehelichen Inseratenmarkt ist die moderne Leimrute des Gimpelfangs heute häufig bestrichen mit dem Honig der aparten Dreizimmerwohnung, der Einheirat ins väterliche Geschäft oder dem zu erwartenden Erbteil. Die Zwilling-Frau hat das nicht nötig! Mangelware Mann hin oder her – diese Frau hat als eine der wenigen zu allen Zeiten an jedem Finger einen! Sie gleicht der attraktiven Nymphe Kalypso, die selbst im Felsenlabyrinth einer einsamen Insel noch einen Odysseus fand bzw. herancircte. Nicht immer läuft sie ihnen nach, sondern arbeitet nach dem psychologischen Rezept der das Gegenteil bewirkenden Anstrengung: Man muß die Männer schlecht behandeln! Zumindest aber weiß sie, daß man viele Gesichter tragen, viele Masken wechseln und die naiven Brüder verwirren muß, die sich so gerne in Sicherheit wiegen möchten, um dann abseits vom heimeligen Herd noch ein Gräschen zu rupfen.

Nicht mit der Zwilling-Frau – sie rupft selber gern! Sie bringt es in ihrem jungen Leben schon auf stattliche Erfahrungen und ein juristisches Spezialwissen in Sachen

Scheidung. Warum die Zwilling-Frau im Minimum zwei Ehen erlebt, liegt wohl an der geistigen Schlichtausstattung ihrer Partner. Nach den Vierzigern könnte eine Zwilling-Frau selber ein Heiratsbüro eröffnen!
Dieses meist intellektuelle Mädchen, mit geistiger Lichthupe und sonstigen aparten Extras ausgestattet, hat keine besondere Affinität zu Kochtöpfen und bedingungsloser Kapitulation in der Ehe! Witz, Satire, funkelnde Irrlichter, ein radioaktiver Gedankenbrei oder ein geschliffenes Bonmot kommen bei ihr sofort an. In gehobenen geistigen Bezirken antwortet ihr Radargerät überhaupt nur mehr auf Extravaganzen! In bescheidenerem Rahmen wird Neugier, Sensationslust, Veränderungsgier und Abenteuerlust daraus.
Niemals sollten Sie daher auf »Langwelle« funken! Nie sollten Sie jahraus, jahrein dasselbe tun oder gar erzählen, und nie sollten Sie sich ganz sicher fühlen bei dieser glitzernden, schillernden Evastochter!
Mit dieser Frau weht Ihnen Wind um die Nase, und Ihr Dasein wirkt wie Niespulver. Sie brauchen auch gemäß neueren Jogalehren keinen Kopfstand zu machen, denn irgend etwas in Ihrer Ehe steht immer Kopf! Gewöhnen werden Sie sich an diese knisternde Atmosphäre wohl nie, und für Ihr geschundenes Nervensystem gibt keine Versicherung eine Police. Vielleicht sind Sie ein Jungfrau-, Fische- oder Schütze-Mann? Dann wären Sie selber schuld an Ihrer seelischen Abrüstung, denn für Sie wäre die Zwilling-Frau eine kosmische Mesalliance. Diese Ehe wäre wie die hoffnungslose Liebe des himmelnden Hollunderstrauchs zur Nachbarin, der

Telegrafenstange, die zwar immer so anmutig summte, aber niemals duftete oder blühte. Auch eine Zwilling-Frau summt mehr, als sie blüht! In den Zwillingen herrscht Merkur – der Gott des Redens, Schreibens, Lesens, der »Aussprachen«, Reisen und Abenteuer. Wenn Sie hier im Geistigen nicht Ihren Mann stellen, dann schweigen Sie lieber. Wenn Sie aber dauernd schweigen, sind Sie für die Zwilling-Frau wieder zu langweilig. Seien Sie also beredt, ohne zu schwätzen, spritzig, ohne zu bluffen, geistreich, ohne zu ermüden! Reden Sie ganz einfach von Ihren nie gemachten Weltreisen, von Hauserscher Ernährungsforschung, von östlichen Philosophien, von Psychoanalyse. Der Geist einer Zwilling-Frau will dauernd ernährt sein, wenn es auch nur mit Theorien wäre. Sie sollten aber auch die neuesten Cocktail-Rezepte kennen, einen Mambo tanzen, ein gemischtes Doppel sportlich gewinnen oder Canaster spielen können. Ein moderner Mann hat seinen Wagen, rasiert sich elektrisch und hat eine Position. Von dieser Position will die Zwilling-Frau anständig leben. Ihr Herz hängt nicht so sehr am Geld – wenn welches da ist. Ist keines da, können Sie ja auch von anderen Frauen kein Herz verlangen!
Es läßt sich nun nicht länger verheimlichen, daß Sie als Waage- oder Wassermann-Mann zu den Lieblingsmännern der Zwilling-Frau gehören! Denn Sie haben so etwas von Niveau und Glätte, von seelischer Feinbügelei und luxuriösem Innenleben, daß eine Zwilling-Frau an Ihnen nicht vorbeigehen kann.
Es ist eben nicht leicht, dieses psychisch überaus kom-

fortabel eingerichtete Mädchen auf Anhieb zu erobern! Selbst routinierte Männer bezeichnen die Seele einer Zwilling-Frau als Labyrinth. Der bekannt hohe Männerverschleiß dieser kapriziösen Dame hat selten etwas mit Erotik zu tun. Es liegt vielmehr daran, daß die hundertfältigen Varianten ihres Wesens alle einzeln nach Ergänzung, Verständnis und Erfüllung verlangen! Welcher Mann aber hat heutzutage noch soviel Zeit, seine Gattin auch geistig zu ernähren?
Wieder einmal müssen wir rücksichtslos offen sein: Die geistig unterernährten Männer sind es, die die Zwilling-Frau verachtet! Sie benötigt zuweilen hochgezüchtete Intellektuelle, geistige Pfadfinder (Wassermann!), vielleicht auch einmal einen Psychologen oder Psychotherapeuten, der ihre Seelenknöpfe wieder entflicht, falls er nicht vorher schon entfleucht.
Ein wertvoller Tip für Interessenten an dieser Frau: Mit dem reinen, unkomplizierten »Bel'ami« oder »Playboy«, diesem Schäferstunden-Matador, könnte die Zwilling-Frau nur übers Wochenende glücklich sein. Aber mit dem schillernden, belesenen, vielgereisten, sprachbegabten Globetrotter, der seine brillierende Rede mit satirischen Bonmots zu würzen versteht – mit diesem Typ fährt sie sofort aufs Standesamt. Und der Gefahrene weiß nicht einmal, welches Glück er hatte. Wie lange dieses Glück währt – es steht nicht in den Sternen, es steht in Ihrer Brust! Sie dürfen nur nicht engbrüstig sein.
Übrigens – vom Fahren war die Rede! Nichts liebt die Zwilling-Frau mehr als Reisen, Motorengesang, Ho-

telzimmer-Atmosphäre. Am liebsten würde sie fliegen. Der Gedankenflug im Geiste genügt ihr manchmal schon! Schönster Charakterzug ihres Wesens ist der Optimismus, mit dem sie immer noch einmal an die Männer, an die Liebe und an die Wertbeständigkeit der Ehe glaubt. Weshalb sie immer noch einmal – heiratet! Im Vertrauen gesagt: Es gelingt ihr zwei-, drei- und sogar viermal. Neben der Schütze-Frau ist sie die einzige, die des Scheidens nicht müde wird. In ihrer Seele herrscht Kernspaltung – eine typische Zwilling-Krankheit, deren Virus immer dann akut wird, wenn sie zu einem Entschluß kommen soll. Erleichtern Sie ihr diese Qual, indem Sie dieses quecksilbrige Mädchen kurzerhand – entführen!

Von den Lieblingsfrauen des Zwilling-Mannes (21. Mai bis 20. Juni)

Wir müssen es gleich zu Anfang sagen: Unter seinen Lieblingsfrauen sind so ziemlich alle Sterne enthalten, denn er ist ein alter Probierer, Versucher und Verführer! Er kann natürlich nichts dafür: Hat er eine, überkommt ihn der Zweifel, ob nicht eine andere besser wäre. Darüber findet er eine dritte, und es gehört nicht zu den Unmöglichkeiten, daß er mit der ersten Geschiedenen wieder freundschaftlich verkehrt. Man muß nun allerdings bedenken, daß es für die geistige Kra-

genweite eines Zwilling-Mannes selten eine einzige passende Partnerin gibt! Sie soll nicht nur attraktiv und überaus intelligent, nicht nur von feinfühligem Herzen und voller Selbstlosigkeit sein – sie soll und darf keinesfalls zu teuer kommen! Die Freundinnen, die er zeitlebens hat, wollen ja auch beschenkt und mit Vergnügelchen bedacht sein, was einem Zwilling-Mann den finanziellen Blutdruck senkt.
Was sie von ihm haben, ist mehr geistiger Natur: Den Höhenflug der Gedanken und die Atompilze der Ideen, die allerdings oft vorzeitig in Rauch aufgehen.
Selbst eine Lieblingsfrau des Zwilling-Mannes benötigt manchmal noch einen Eisbeutel als Kopfschmuck. Ihre materielle Existenz wackelt mehrmals, denn dieser Mann verdient mehr im Geiste und durch den Geist, lernt und studiert zwar gerne, hat aber immer zwei Berufe gleichzeitig und vier bis fünf hintereinander. Er lebt auch gerne an zwei verschiedenen Orten. Außer seinem Namen haben Sie manchmal in der Ehe nicht viel von ihm, denn er ist häufig verreist, unterwegs oder »auswärts«. Das will natürlich durchlebt, erlitten und überstanden sein!
Falls Sie nun ebenfalls eine Zwilling-Frau wären, könnten Sie es ihm ja heimzahlen, aber aus intuitiver Notwehr meidet er in der Regel das eigene Sternbild. Hingegen zieht es ihn mächtig zur Waage-Frau. Dies ist vielleicht der Grund, warum Waage-Frauen gemäß Statistik so häufig geschieden werden. Mit der Widder-Frau hat er auf Anhieb Glück! Er offeriert ihr Geist und Ideen und erhält dafür Liebe. Leider ist alles Strohfeuer

– es gibt einen schönen Funkenregen und etwas Geprassel, aber es war nur Feuerwerk!
Die Wassermann-Frau gehört zu seinen echten Seelenfreundinnen, aber die Löwe-Frau heiratet er manchmal wirklich. Ihr Schicksal bleibt es, sich in die späteren Freundinnen zu teilen, sein Geld zu verwalten und eigenes zu erhalten, vor allem aber, ihn zu beaufsichtigen. Diese eheliche Position hat viel Ähnlichkeit mit dem Dompteur eines Flohzirkus. Nur der Energie einer Löwe-Frau gelingt die langsame, zermürbende Zähmung eines Zwilling-Mannes, der seinerseits mit beißender Ironie, satirischem Charme und scharfgeschliffenem Schnabel kämpft! Die wahre Lieblingsfrau eines Zwilling-Mannes ist grundsätzlich immer jene, mit der er gerade nicht verheiratet ist! Wenn er Ihnen einmal Blumen schenkt, hat er kurz zuvor etwas ausgefressen und daher ein schlechtes Gewissen!
Sie müssen daher wissen: Was die Meteore, die Sternschnuppen und die fliegenden Untertassen für das Weltall sind, das ist der Zwilling-Mann im Leben einer Frau! Er kommt sozusagen aus dem Nichts, glüht auf, »tritt« in Ihr Leben und geht wieder von dannen. Das letztere fast mit Sicherheit. Seit Penelope haben sich schon viele Bräute die Augen ausgeweint und versucht, diesen »Wandelstern« in ihre Kemenate zu sperren. Es ist noch keiner gelungen. Gelungenerweise heiratet er aber stets und meist schon früh. Er weiß eben intuitiv, daß er früh beginnen muß, um auf drei Ehen zu kommen! Bleibt er wirklich bei der einen, Auserwählten, so ist das nur fiktiv. Fragen Sie die gramgebeugten, vom

häuslichen Kampf zermürbten Gattinnen, wie oft ihr bestes Stück »auswärts« weilt! Sie erhalten dann einen vollendeten psychologischen Test über das Zeichen Zwillinge. Solche Gattinnen könnten hauptberuflich in Eheberatungs-Instituten tätig sein, denn sie wissen alle Schliche, alle Ausreden und alle Zerredungs-Taktiken ihrer Zwilling-Männer und verfügen über eine fast globale Kenntnis der männlichen Psyche. Der Eroberungs- und Erlebnishunger, die Einbruchsgelüste in eheliche Nachbargärten, das unstillbare Verlangen nach ewig neuer Selbstbestätigung (diesem Zunder der Eitelkeit), verbunden mit dem Verlangen nach neuen Erfahrungen sind die motorischen Seelenimpulse, die jede Zwilling-Ehe zu einem Brillantfeuerwerk werden lassen und jede Frau irgend einmal blenden, bis sie, wissend geworden, das Reden aufgibt und zur Waffe der Revanche-Flirts greift. Damit treffen Sie Ihren Liebling ins Mark. Zwillings-Männer mögen uns verzeihen – aber Frauen leiden eben mehr!
Indessen ist der Zwilling-Mann kein leerer Schwadroneur! Er entzündet sich vielmehr ernsthaft und immer aufs neue an den kleinen Feuerchen der Liebe. Gerade dieses »Spiel mit dem Feuer« erhält ihn jung und spannkräftig. So hütet er die Liebe nicht wie ein ewiges Licht in der ehelichen Ampel, sondern entzündet viele kleine Flämmchen um sich her, von denen – seltsamerweise – keines ganz erlischt! Zuweilen saugt er Nektar aus Blüten und überläßt die Früchte dem lieben Gott. Im ganzen ist er ein amüsanter, aber flackernder Stern. Für die Wohnstube fast zu schade!

Die Krebsfrau viel zu gut für herzlose Männer!

Die Lieblingsmänner der Krebs-Frau (21. Juni bis 21. Juli)

Gereifte Krebs-Frauen wissen es: Das einzig Dauerhafte unter diesem Zeichen ist der Mangel an Stabilität! Das geht bis zu den Männern. Sie kommen ihr sozusagen »abhanden«, oder – wenn sie da sind – gehen sie wieder. Hat man welche, sind sie lästig, oder es sind die falschen!

Was eine richtige Krebs-Frau ist, sieht aus, als ob sie kein Wässerchen trüben könnte. Und doch ist ihre Seele zuweilen ein trüber Tümpel voll Sehnsüchte und halb erfüllter Wünsche, denn gerade die Wünsche wuchern in diesem Seelenbrei wie Bakterien, und selbst die erfüllten Wünsche entsprechen keinesfalls dem Erträumten. Dieser Abgrund zwischen Traum und Erfüllung macht aus der Seele einer Krebs-Frau Mürbeteig. In der ersten Lebenshälfte gleicht dieses Mädchen den Mondphasen. Bei Neumond ein Gemüt voll Quark, bei Vollmond himmelhoch jauchzend. Dann wieder prompt zu Tode betrübt. Man muß wissen, in welcher Seelenphase die Krebs-Frau gerade liegt. Sie kann kalt sein wie ein Frigidaire und verlangend wie eine Katze, die unterm Streicheln leise zu schnurren beginnt. In der zweiten Lebenshälfte schnurrt sie gerne am häuslichen Herd, denn die Fata Morgana der lockenden Ferne, der großen Ziele und verwegenen Abenteuer schrumpft dann meist zu einer behaglichen Dreizimmerwohnung. Es ist leider allzu wahr: Das Herz einer Krebs-Frau erleidet viele Frostaufbrüche, und selbst die Lieblingsmänner ackern noch darin herum! Solchermaßen umgepflügt, ist es kein Wunder, wenn sie von allem nur mehr die Hälfte glaubt.

Aber trotz aller Hereinfälle bleibt das Radargerät einer Krebs-Frau auf Gemüt gerichtet! Ein liebes Wort und ein herzlicher Ton machen sie weich. Aber wie viele Männer treiben mit Herztönen schräge Musik!! Nach der ersten Scheidung oder Trennung bekommt die Krebs-Frau freilich ein feines Ohr für falsche Töne, aber dann hat sie die Blütenblätter ihrer jugendlichen Margueriten verzupft und hält meist nur noch den leeren Stengel in der Hand. Daß sie ihn dennoch manchmal in eine Vase steckt, ist Symbol für ihre überdimensionale Seelenstärke!

Moderne Krebs-Mädchen kommen allerdings schon früh zu der Erkenntnis, daß man mit den schönsten Gefühlen kein Haus finanzieren kann. Eine Krebs-Frau mit vornehmem Innenleben muß, wenn sie nicht auf den Hund kommen will, irgendwann einmal heiraten. Denn eine aparte Wohnung, eine gepflegte Häuslichkeit und ein harmonisches Familienleben liegen so sehr in der Richtung ihrer Herzenswünsche, daß sie einen beständigen Kampf mit Zimmervermieterinnen, einem stets schwankenden Barometer in Liebe und Erotik und einer Art von beruflichem Toboggan (einen Fuß vor, den anderen wieder zurück) zu erleben haben. Die hartgesottenen, selbstgenügsamen und selbstbezogenen Männer taugen nicht für die Krebsfrau, denn sie will leben und blühen. Die Autoritären, Stimmgewaltigen und Willensriesen taugen erst recht nicht, denn die Krebsfrau will verhätschelt sein. Die Intellektuellen, Schnoddrigen und Herumvagabundierenden taugen wieder nichts, denn die Krebs-Frau will dauernd geliebt sein. Bleiben nur noch die Gemütvollen, Besinnlichen, Verlässigen! Aber die sind rar, denn es gibt noch elf andere weibliche Sterne, die auf diese seltenen Exemplare lauern wie die Spinnen hinterm Netz!

Bleibt nur der gute Rat: Wenn unter diesen Wenigen ein tüchtiger Skorpion-Mann, ein liebevoller Fische-Mann oder ein verlässiger Jungfrau-Mann auftaucht, dann nehmen Sie ihn – aber sofort! Es könnte auch noch ein Stier-Mann sein. Sie alle gehören zu den Lieblingsmännern der Krebs-Frau, zumindest aber zu den langjährigen Hausfreunden.

Jede Frau weiß, wohin man heute mit allzuviel Gefühlen kommt. Die Krebs-Frau aber gehört zu den wenigen, die sich diesen kostspieligen Luxusartikel noch leistet! Zwar werden reifere Besitzerinnen dieses seelischen Vermögens ihres eigenen Gemütssalates manchmal überdrüssig und gehen dann in die innere Emigration. Andere wieder leben so am Rand dahin, die Dinge nehmend, wie sie eben kommen. Bis Ende der zwanziger Lebensjahre ist so eine Distanz zum Leben nur schwer möglich, denn gerade in der Jugend ist die Krebsfrau jederzeit bereit, aus ihrem Herzen eine Mördergrube zu machen. Es hat sich erwiesen, daß sie in der Sturm- und Drangperiode mehrmals ihre eigenen Gefühle meuchelt – übrigens ein heroisches Unternehmen! Wenn ihr dann für die zweite Lebenshälfte oder gar das letzte Drittel noch etwas Vorrat übrigbleibt, so kann man ermessen, wie stark ihr Betriebskapital an Gefühlen ist!

Schöne Seelen werden heute von Männern schwer entdeckt, und Sexbomben sind unterm Krebs nicht zu finden, denn dieses liebe und zarte Mädchen wünscht keinesfalls, zur Schau gestellt zu werden. Wenn auch Krebs-Frauen heute nicht mehr im Verborgenen blühen (wer kann sich dies bei der heutigen Konkurrenz noch leisten!), so ist sie doch jederzeit bereit, die Fühler wieder einzuziehen und beleidigt, verletzt oder enttäuscht in die Schmollwinkel der inneren Reservate zu flüchten.

Liebend gern möchte die Krebs-Frau den Frieden. Aber wie bei allen pazifistischen Bemühungen steckt man eben etwas ein. So wechseln hier Perioden der Beschwingtheit, der Freude und des plötzlichen Auftriebs mit solchen der Apathie, Lustlosigkeit und der träumenden Sehnsüchte. Gegen diese seelische Empfindlichkeit gibt es nun im Herzensboudoir der Krebs-Frau leider keine abwaschbaren Tapeten.

In der Liebe tut sie also in der Jugend viel dazu, um die Dreißig viel dagegen und nahe den Vierzigern weder etwas dazu noch dagegen. Im Zustand dieser Reife kennt sie die Brüder, die ihr zeitlebens viel versprachen und wenig hielten. Manchmal findet man sie dann in der Sehnsuchtsspalte einer Zeitung: »Des Alleinseins müde geworden...« Gebe Gott, daß sie dann nicht einen anderen Müden findet!

Die Lieblingsfrauen des Krebs-Mannes (21. Juni bis 21. Juli)

Daß Krebs-Männer freundliche, sympathische und umgängliche Partner sind, weiß man. Aber nur ihre Gattinnen kennen ihre seelischen Untiefen und verzwirbelten Gemütsknöpfe, da sie ja ein Leben lang damit herumbasteln müssen. Krebsmänner sollten daher unbedingt mit dem nötigen Kapital auf die Welt kommen, um sich den Komfort hochherrschaftlicher Launen leisten zu können!
Öl auf die seelischen Wogen zu gießen, ist das ureigenste Werk einer Krebs-Partnerin, die ob solcher pädagogischen Riesenleistung alle Voraussetzungen zu einem erstklassigen Kindermädchen besäße! Ein Krebs-Mann ist infolge seines veredelten seelischen Grundstoffes häufig ein Unterdrückter, Resignierter oder »nach innen« Emigrierter. Von rüstigen, reifen Mädchen wird er zuweilen kurzerhand gemanagt, bevor er noch zu seiner Lieblingsfrau gekommen wäre. Jüngere, zielbewußte Mädchen locken ihn mit verderblichen Mitteln aus seinem Schneckenhaus und fahren dann mit ihm Schlitten oder killen ihn mitleidlos.

Erfahrene Krebs-Männer gehen keinerlei Verlockungen mehr auf den Leim, legen sich einen psychologischen Tarnanstrich zu und lassen alles auf sich zukommen. Einige aus dieser Gattung arbeiten freilich auch mit Intuition und verstehen Frauen mit viel Charme und guten Worten einzuseifen. Aber sie halten die Maske nicht allzulange durch und werden dann wieder zu Einzelgängern. So sehnen sich Krebs-Männer zwar nach einem eigenen Heim und Harmonie in den vier Wänden, aber ebensooft flüchten sie in die inneren Reservate, wo sie der Ruhe, der Beschaulichkeit, einem Hobby oder einer verträumten Romantik huldigen. Diejenige Frau, die sie so nimmt, wie es ihnen gerade nach dem Sinn steht, ist ihre Lieblingsfrau.

Sie muß also etwas von einer Kindergärtnerin, einer Psychologin, einer treuen Freundin und einer praktischen Lebenskameradin haben. Beileibe darf sie keine Launen besitzen, denn mit diesem Artikel kann er ganze Mädchenpensionate ausstatten!

Sie muß ihn in erfolgreichen Zeiten loben und in schlechten trösten können! Dies allein verlangt ein vollsynchronisiertes Gemüt oder ein automatisch arbeitendes Seelengetriebe und ist von den meisten Frauen gar nicht mehr lieferbar, bestand einst unter der Ära von Courths-Mahler, kommt aber heute gar nicht mehr herein.

Einem Krebs-Mann wäre daher am ehesten mit einem Harem zu helfen, aus dem er sich, gemäß seinen jeweiligen seelischen Schichten, die »Frau des Tages« wählt – ein Luxus, den sich leider nur mehr östliche Potentaten leisten können, während ein Krebs-Mann für die Liebe nur ungern Geld ausgibt! Schon deswegen, weil ihn Geldausgeben wieder zum Arbeiten zwingt. Ein Krebs-Mann ist auch immer stolz, aber doch nicht so stolz, daß er »nein« sagen würde, wenn Sie ihm die drückenden Lasten des täglichen Erwerbs auf ein Minimum mindern könnten. Falls Sie das auch noch auf anmutige Weise besorgen und auch sonst nicht allzuviel verlangen, so sind Sie in Wahrheit seine Lieblingsfrau! Eines sollten Sie freilich wissen: Weil er die Ruhe, das Behagen, die Harmonie und das genüßliche Leben so sehr liebt, kommt er nur ganz selten in die vorderste Reihe der Großverdiener – das ist sein Schicksal! Meist aber macht er noch das Beste daraus und kann, wenn es im Alter ans Bilanzziehen geht, von sich sagen, daß er auch ein wenig heiter gelebt hat oder mit den stilleren Dingen des Lebens in Kontakt kam. Dazu gehört auch das ewige Schweifen in die Ferne – das Symbol seiner inneren Rastlosigkeit.

Obwohl nun die Krebs-Geborenen vom Ellbogen schlecht Gebrauch machen können, sind sie bei aller Herzenswärme und Fürsorglichkeit für ihre Partnerinnen in der Liebe wie in der Ehe kein absolutes Ruhekissen und auch keine Lebensversicherung. Hat man sich nach vielen Aufregungen an ihr ewig poröses Herz gewöhnt samt dem unvergleichlichen Komfort an Launen und Empfindungen, so bedarf es erst nach einer langen Anpassung an das soziale wie materielle Krinolinen-Schicksal, denn unterm Krebs geht es bekanntlich zwei Schritte vorwärts und einen zurück! Die Krebse selbst gewöhnen sich im Verlauf eines Lebens daran, aber ihre Leidensgefährtinnen bedürfen eines starken Wunder- und Kinderglaubens, daß es doch nie zur totalen Pleite kommt. In der Tat – es kommt auch nicht dazu! Selbst die vielen Umstellungen, die Positions- und Berufswechsel, die durch Sympathie und Antipathie bedingten Kontakte und Trennungen – sie alle vermögen es nicht, den Krebs-Mann völlig aus dem Gleis zu werfen! Er ähnelt darin dem sprichwörtlichen Spatz in Gottes Hand, vielleicht weil er wissentlich nichts Schlechtes tut, die krummen Wege meidet und sich stets zur Fairneß bekennt. Das Seltsamste freilich ist sein Widerstreit zwischen Ehrgeiz und Zurückhaltung, zwischen Fernsehnsucht und häuslichem Verlangen, zwischen Geselligkeit und plötzlich einsetzendem Absonderungsstreben! So ist er ein Sinnbild der wechselnden Mondphasen (Mond als Herrscher des Krebszeichens!), und niemand ahnt, daß er die heftigsten Kämpfe mit sich selber austrägt und seiner kurzfristigen Siege selten froh wird.

Der Zug zum Höheren – im Zeichen Löwe!

Die Lieblingsmänner der Löwe-Frau (22. Juli bis 21. August)

Mit einem echten Löwe-Mann verheiratet zu sein, gleicht einer ständigen Audienz. Aber auch eine Löwe-Frau verweilt am liebsten bei den Göttern im Olymp, bekränzt und vergoldet, auf purpurnen Wolken, umgeben von Luxus und Schönheit, von Anbetern und Dienern.

Natürlich liegt es im Wesen der Idole, daß sie schrumpfen. Und so wird die Heirat der Löwe-Frau oft ein Abstieg zu Halbgöttern, von denen sie dann wenigstens noch einen Titel und ein würdevolles Familienleben verlangt. Sind Würde und Repräsentanz nur noch eine Filmfassade, dann ergreift die Löwe-Frau mutig und kühn die Initiative und wird zum mittragenden Pfeiler ihrer ehelichen Existenz – welch eine Frau!

Im ganzen aber lieben es die Götter nicht, daß man an ihnen Sterbliches entdeckt! So verlangt die echte Löwe-Frau den vollendeten Gentleman, was frühere Kavaliere zum Handkuß zwang. Modernere Löwe-Mädchen, die mit ihrem Soziuskavalier ins Grüne rollen, verlangen dies nicht mehr so unbedingt.

Dennoch trägt so manche Löwe-Frau Stolz und Ichbewußtsein wie eine vornehme Praline in Stanniol gewikkelt. Löwinnen »gehobener« gesellschaftlicher Kasten fühlen sich als edle Perlen, die in Gold oder Platin gefaßt sein wollen. Männer, die darauf gefaßt sind, solche Rechnungen zu bezahlen, haben aber auch für ihr Geld vornehme und exklusive Repräsentantinnen, die den Stolz und den Nimbus ihres Titels wie einen Baldachin überm Diadem zu tragen wissen und auch im Bausparkassenheim noch nach einem »Salon« verlangen, mit eigenem Ölporträt überm Kamin, gezacktem Bütten und einem »jour fix«!

Eine Löwe-Frau »niederer Grade« gibt es nicht, denn Löwe bleibt Löwe. Man weiß, daß dieser Wüstenkönig selbst als Bettvorleger noch dekorativ wirkt, mit Schußlöchern im Fell. Über die Schußlöcher im Gemüt schweigt die Löwe-Frau, während Männer anderer Sternzeichen längst winseln würden. Aber Männer, die schlappmachen, gleichgültig auf welchem Gebiet, haßt die Löwe-Frau. Das sei Schürzenjägern aller Art vorbeugend ins Ohr geflüstert.

Richtige Löwe-Frauen verstehen aus allem etwas zu machen. Reicht der Prunk nicht aus, so muß er sich eben nach der Decke strecken (oft merkt man das gar nicht, und dies ist eben der Clou!). Reicht es beim Gatten nicht ganz aus, so erhöht sie ihn um einige Titelgrade (Freundinnen gegenüber), denn man sollte ihn auch »herzeigen« können – als würdige Staffage, vom Titel bekränzt. Männer, die ohnedies »Figur« zu machen verstehen, merken dies gar nicht. Die anderen –

die es merken – weil sie von der Löwe-Frau nacherzogen, angezogen und in Schwung gebracht werden, sind verstimmt. Das ist begreiflich, denn selbst mickrige Männer möchten noch um ihrer selbst willen geliebt sein!

Die Löwe-Frau aber liebt nicht alles und jeden! Sie hat eine Ader für Luxus und eine generöse Hand. Fühlen Sie sich nicht stark genug, die soziale Aufbauhilfe Ihrer Löwe-Frau zu werden, so nehmen Sie lieber etwas Sparsameres. Löwinnen haben ganz einfach einen »Zug zum Höheren« – aber damit fallen sie auch oft herein! Die verlockenden Irrlichter sind: Gesellschaftliche Position, Besitz, Beneidetwerden, kultivierte Lebensart mit versiertem Schnabel und parkettgewohnte Allüren, Uniformen, Titel! Dies alles besitzt sehr oft der Schütze-Mann, denn er ist der geborene Propagandist der eigenen Person und gehört auf jeden Fall zu den Lieblingsmännern der Löwe-Frau! Den Widder liebt sie kurzfristig, weil er mit Knalleffekten, Autorität und himmelstürmenden Plänen arbeitet. Löwen unter sich wissen zuviel um die eigenen Schwächen, und keine Frau will allzu schnell durchschaut sein. Mit Krebsen, Fischen als »niederem Getier« fährt die Löwe-Frau Schlitten. Am Steinbock liebt sie höchstens das Geld und die Häuser, aber nicht seine Sparsamkeit. Mit Stier, Wassermann und Skorpion kommt es irgendwann einmal zum Krach, alles übrige ist »Staffage«.

Nicht jeder kann daher eine Löwe-Frau ernähren, kleiden oder gar schmücken! Eine echte Löwe-Frau geht nicht mit falschen Brillanten übers Parkett. Was da schillert, glänzt und funkelt, muß echt sein. Wer diesen Luxus nicht verkraften kann und dennoch eine Löwe-Frau heiratet, ist ein Hasardeur. Natürlich gibt es auch theoretische Großwildjäger, die sich ein Löwenfell bei der Versteigerung einhandeln. Sie strafen sich selbst, da sie Geschichten erzählen müssen, die ihnen eine Löwe-Frau niemals glaubt!

Daß diese exklusive Dame auch in kleinerem Rahmen glücklich sein kann, ist zeitweilig möglich – falls die Sonne ihrer Liebe die getünchten Wände bestrahlt. Nach Sonnenuntergang aber werden Verzichte immer anstrengender und es kommt der Tag, an dem sich die Löwe-Frau danach sehnt, wieder einmal »aus dem Vollen« zu schöpfen!

Natürlich gibt es Löwe-Frauen, die das Schöpfen gesellschaftlichen Rahms schon von Jugend an beherrschen (weil sie sich vorgeburtlich den richtigen Vater suchten!). Sie benötigen dann nicht einmal mehr Skandale, um aufs Parkett zu kommen, sondern erkennen frühzeitig genug die »Rendite« einer Heirat und sind dann gemacht.

Wer also eine echte Löwe-Frau heiratet, lebt irgendwann einmal als Prinzgemahl im Glanze seiner besseren Hälfte und befindet sich damit im Range eines Satelliten. Daß aber eine Löwe-Frau gerne bereit wäre, längere Zeit anbetend im Schatten ihres Gatten zu verweilen, ist noch nie und nirgends bekannt geworden!

Freilich gibt es auch Löwe-Frauen mit generösem Herzen, die lieber geben als nehmen und die seltene Fähigkeiten besitzen, aus nichts etwas zu machen. Trotzdem

– sie sind nie so ganz glücklich, denn im Innersten wohnt das Wissen um sich selbst und das selbstverständliche Verlangen nach Besitz, Rang und Format! Löwe (das Zeichen der Sonne!) symbolisiert eben Machtausstrahlung, Einflußnahme und Souveränität. Die Sonne zu überstrahlen aber ist keinem Planeten gestattet!
Ehrgeizlose Männer werden von der Löwe-Frau nicht gerne geheiratet. Als Partnerin schreckt sie vor nichts zurück – auch nicht vor der Rücksprache mit dem Chef des Gatten. Wer sie einmal hat, hat sie dauerhaft, und es gibt für ihn nur einen Weg – den Weg nach oben!

Ein Abbild der Götter!

Der Löwe-Mann und seine Lieblingsfrauen (22. Juli bis 21. August)

Der echte Löwe-Mann lebt aus der Mitte seines Wesens heraus – hoheitsvoll und unnahbar. Distanz – das ist die sublimierte Eigenschaft des wahren Löwen-Stolzes! Im kleineren Löwen ist viel Gönnertum, viel »herablassende« Großmut, Selbstbespiegelung im seelischen Interieur. Ein Götterbild braucht einen Sockel – der Löwe-Mann die Zuhörer! Schauen Sie daher »hinauf« zu ihm, bewundern Sie ihn und Sie sind seine Lieblingsfrau! Ein solch einfaches Rezept gibt es selten.

Immerhin – Sie haben auch etwas dafür: nämlich eine Säule, einen Halt, eine Lebensversicherung, einen Titel! Immer fällt noch Abglanz seiner Würde auf Ihr irdisches Dasein. Dafür darf er ja schließlich auch mal brüllen – herausfordernd zu seinen Widersachern – mit gekränktem Stolz, falls Sie es wagten, eine eigene bzw. andere Meinung zu haben.
Auf freier Wildbahn holt sich bekanntlich der Löwe, was er braucht. Im Käfig aber wartet er nur noch trübselig auf die Mahlzeiten. Das soll beileibe kein Vergleich sein, aber so mancher Löwe brüllt, einmal verheiratet, nur noch im Büro! Versucht er es dennoch einmal auch zu Hause, so nur deshalb, um sich zu beweisen, daß er noch »Herr im Hause« ist. Aber die meisten Löwe-Männer werden doch irgendwann einmal von Eva gezähmt und fressen dann aus der Hand. Viel hat das mit der Liebe und den mächtigen, unterirdischen Leidenschaften zu tun. Werden die »königlichen Gefühle« über lange Jahre hin dezimiert, so reicht es nur noch zur »Angabe«! Irgendwo muß ja das verlorene Selbstbewußtsein wieder hereinkommen!
Wenn man von der eigenartigen Egozentrik dieses Zeichens absieht, das unter allen Umständen anerkannt und bestätigt sein will, so sind Löwe-Männer doch überwiegend zuverlässige und großzügige Partner, die zwar ihr Licht niemals unter den Scheffel stellen und immer rechtzeitig von sich selber reden, die aber auch einen ausgeprägten Gerechtigkeitssinn besitzen. Unausstehlich wirkt nur der eitle, im Geistigen unausgereifte und triebhafte Löwe-Mann, der fast immer auch

Erotiker ist. In jüngeren Jahren ist er gern »Pascha« und zähmt Kätzchen – über Männlichkeit und Erotik. In reiferen Jahren aber dürstet ihn mehr nach treuer Zweisamkeit und einem komfortablen Heim mit luxuriöser Innenausstattung. Es gibt natürlich treue und anhängliche Löwen und solche, die zeitlebens abends zur »Tränke« gehen müssen.

Als Freundin eines Löwe-Mannes werden Sie schon bemerkt haben, daß er nie nach dem Billigen greift! Er hat viel Sinn für Eleganz, Mode, Kunst! Der Schmuck, den er Ihnen kaufte, war echt und wenn Blumen, dann Rosen. Im Schenken ist er niemals kleinlich. Und von Lebenskultur und Lebensstil versteht er etwas! Seine Lieblingsfrauen machen allerdings einiges mit, denn sie stehen immer im Heiligenschein seiner Autorität, und sein Wissen um sich selbst überragt das Wissen um das »Du«. Sie brauchen daher etwas Überwindung Ihres Selbstgefühls, Diplomatie, Anpassungsfähigkeit und Schlauheit. Mit diesen Artikeln halten Sie in einer Löwe-Ehe lange Zeit durch!

Reißt Ihnen aber einmal die Geduld, so schmettern Sie ruhig die kostbarste Vase in den Kronleuchter! Wider Erwarten wird er darüber nicht wild, sondern nachdenklich und kommt vielleicht erstmals darauf, daß Sie auch ein »Ich« besitzen! Er geht dann der Sache bis auf den Grund, denn Halbheiten kennt er nicht. Er wird maßlos verwundert sein, aber er wird sich jetzt mit Ihnen beschäftigen. Und er wird eine neue Vase kaufen. Eines aber dürfen Sie niemals tun, denn es wäre geradezu vermessen: Brechen Sie niemals freventlich eine

Zacke aus seiner Krone. Das vergißt er Ihnen sonst nie, denn er hat ein tiefes Wissen um seine Unfehlbarkeit. Lieber beichten Sie ihm alles! Dafür hat er Verständnis, und dann verzeiht er Ihnen großmütig. Denn Verzeihen gehört zu Herrennaturen!

Die Jungfrau – ein glühender Eisberg!

Die Lieblingsmänner einer Jungfrau (22. August bis 21. September)

Die Gefühlsschwelle dieses gemütsgebändigten Mädchens liegt nicht im Herzen, sondern schon im Kopf! Von diesem kritikgewohnten Dachstübchen aus steuert die Jungfrau-Frau ihre Ziele, Pläne und Wünsche, ihre Ideen und Ansichten. In diesem geistigen Besenschrank liegen die Gefühle säuberlich abgestaubt, gebündelt, versiegelt und behütet. Wenn sie wirklich einmal herausgenommen werden, so erfolgt zuerst eine Sichtung, Klärung, Durchleuchtung der Lage. Strenge Prüfungskontrollen finden statt, und selbst die Erotik ist entschärft, zuweilen plombiert, bei reiner Kopfsteuerung zweckgebunden, bei sensibler Psyche verknödelt, was dann an ein Auto erinnert, dessen Fahrer Gas gibt und zugleich bremst!

Die Jungfrau ist eine der wenigen Frauen, die nicht unbedingt Lieblingsmänner haben muß, die sich sogar recht gut selber fortbringt und in diesem Fortkommen dann seliger ist als im legitimen Bereich sanktionierter Gefühle. Die Dissonanz zwischen Wollen und Nichtwollen, das Probieren und Prüfen, das Warten auf etwas Besseres, das Vergleichen und Kritisieren machen

der echten Jungfrau-Frau (Beispiel: Greta Garbo) die Liebe und noch mehr die Ehe zum Problem!
Mit Hilfe von Köpfchen, Fleiß und Können schafft sie sich stets eine Position, bevor die Liebe akut wird. Wird sie akut, ist die Position meist schon so lukrativ, daß sich die Ehe »rentieren« muß. Die Prise Mann, zu der sie in gewissen Intervallen Lust hat, genügt ihr aber, um zu wissen, daß er wieder mal nicht derRichtige war. Eine echte Jungfrau-Frau spielt so lange mit Männern herum, bis sie wieder alleinsteht und verspielt hat. Sie lockt und zeigt gleichzeitig die kalte Schulter, becirct, kühlt ab und ist empört, wenn der endgültig Abgekühlte dann wirklich von hinnen geht, denn sie will um alles in der Welt auch nicht verschmäht sein! Solchermaßen vom Köpfchen aus gesteuerte Liebe wird »Herz mit Bremse«, und so kommt es, daß die Jungfrau-Frau duftende Rosen und nützliches Gemüse auf einem Stamme züchten möchte!
Im jugendlichen Dilemma seelisch genügend durch den Mix getrieben, greift sie zu vorgerückter Sternenstunde schließlich doch nach der saturierten, rückversicherten, »geordneten« und zuverlässigen Ehe. Sie hätte es gleich tun sollen! Denn nach vielen Flausen und schillernden Paradiesvögeln, nach seelischen Frontalangriffen und körperlichen Rückzügen kommt sie ja doch zum kosmischen »Double« – dem Stier- oder Steinbock-Mann! Alle anderen wurden vorher ausgesiebt, und in der Rationalisierung der Liebe ist die Jungfrau-Frau unerreicht, in der Niederkämpfung von Eifersucht und Einsargung tiefster Gefühle führend,

denn von nichts wird diese Frau restlos aufgefressen – weder von Liebe noch von Erotik!
In erster Linie will eine Jungfrau-Frau Grund unter den Füßen haben, fragt ganz offen nach dem Preis einer Sache, benötigt selten ein Horoskop und kommt auch mit einem Spatz in der Hand auf die Dauer weiter als jenes Mädchen, das immer auf die gebratenen Tauben wartete, weil es so schön war.
Niemals ist unter den Opfern eines Heiratsschwindlers eine Jungfrau! Denn sie rückt niemals Geld heraus für eine schlechte Sache, weil ihre Antenne auf »Einnehmen« gestimmt ist. Trotz vieler Rückversicherungen im Leben hat sie es nicht leicht im Leben, und in der Liebe gibt es stets Kompromisse, da ihr Seitenblick auf das Praktische, Nützliche, Sichere einer Sache die Ideale verwässert! Sie weiß das auch selber genau und findet sich in der Regel damit ab, indem sie wacker zugreift und die Dinge nimmt, wie sie eben sind. Am liebsten erhält sie sich selbst und hat erwiesen, daß sie auch ohne Mann recht gut durchs Leben kommen kann. Was ihr an Liebe abgeht, holt sie im Beruf wieder auf. Dort kennt und schätzt man sie als fleißig, tüchtig, genau, zuverlässig und unbestechlich. Chefgewaltige wissen es, daß man einer Jungfrau-Sekretärin im Vorzimmer keine erotischen Minen legen kann. Und die Männer ahnen es, daß hier mit keinem Feuerchen zu spielen ist, denn wenn schon Feuer, sagt sich die Jungfrau-Frau, dann im häuslichen Herd! Das Zünglein einer Jungfrau-Geborenen ist meist tempogeladen und entbehrt keineswegs satirischer Bonmots. Sie könnte die »Gar-

dinenpredigt« erfunden haben, und auch erfahrene Männer lassen alle Vernebelungstaktik, weil sie die Gehirnwäsche fürchten.
Lieblingsmänner der Jungfrau-Frau müssen also eine gewaltige Portion Einfühlungsvermögen, Diplomatie, welterfahrene Routine und ein Fingerspitzengefühl für »Momente« besitzen, in denen das Anlehnungs- und Schutzbedürfnis, das Verlangen nach Hingabe die »Kopfbremse« dieser Frau überwiegen! Diesen delikaten Augenblick nicht nur zu ahnen, sondern auch zu nützen (er geht allzu rasch vorüber!) – das vermögen die Vitalen, Unkomplizierten nie, den Hausbackenen oder »auf ihr Recht Pochenden« wäre das egal, die Phlegmatischen wären zu faul dazu, und die geriebenen seelischen Fährtensucher, die es könnten, sind zu schlau, um gleich zu heiraten. Die Draufgänger aber scheiden von der ersten Sekunde an aus! Aber der Stier-Mann hat ebenso wie der Steinbock-Mann jene ausdauernde, bohrende Geduld, die eine Jungfrau-Frau zermürbt. Es bleibt übrigens noch zu berichtigen, daß die Scheuen, Schüchternen, Herben unter der Jungfrau langsam aussterben. Heute im atomaren Zeitalter reicht der Radius dieses wonnigen Mädchens von der eiskalt Berechnenden, kühl Flirtenden, sachlich Circenden, Vorteil mit Sex Mixenden bis zum Blaustrumpf.
Zuweilen aber liebt die Jungfrau-Frau heimlich ihren Chef, denn lieben, ohne daß man es merkt – dies ist einer Jungfrau-Frau manchmal gegeben! Ihre Partner nennen es »prüde«. Aber der erotische Radius reicht vom »Katze und Maus spielenden Weibchen« bis zur

wirklich Gehemmten, wobei auch intellektuelle Erotik nicht fehlt.
Ein Mann, der von einer Jungfrau-Geborenen akzeptiert wird, kann unbesehen als Bankkassier angestellt werden. Er hat zweifellos einen Charakter, ist ein guter Familienvater und besitzt neben ethischen Werten auch immer materielle. Daß er durch strenge Prüfungskontrollen ging, weiß aber der Erkorene selber nicht und wird es niemals erfahren!
Routiniers der Liebe bezeichnen dieses Mädchen als »glühenden Eisberg« und sind immer wieder baß erstaunt über ihre Niederlagen. Sie wissen es eben nicht: Die Jungfrau-Frau ist nicht für die große Linie, für das Abenteuer eines Tages! Sie hat eine scharfgeschliffene Optik für das Detail, und ihr merkural veranlagtes Köpfchen entlarvt gleich einem Infrafilm auch noch Verschwommenes, Nebuloses – sei es in Form von gezieltem Liebesgeflüster oder schlecht fundierten Existenzausweisen!

Die Lieblingsfrauen des Jungfrau-Mannes (22. August bis 21. September)

Diese Brüder vom sachlichen Intellekt gehen mit dem Peilgerät der Nützlichkeit, Brauchbarkeit, Billigkeit auf Brautschau! Mit traumwandlerischer Sicherheit finden sie jene seltene Mischung von Köchin, Hausfrau, Kollegin und Sparkommissar, die ihnen ein Maximum von irdischer Wohlfahrt, praktischer Umsorgung, geordneter Erotik und hingebender Kindergärtnerin bietet bei einem Minimum an Haushaltungsgeld, Heiratsspesen und Lebensaufwand. Immer kann sie waschen, nähen, bügeln, flicken, kochen, backen, putzen, stricken. Immer ist sie lieber zu Hause als im Kino, immer bringt sie etwas mit in die Ehe, und immer ist sie ein Vorbild an Moral. Als einzige Ausschweifung trinkt sie eine Tasse Kaffee oder liest ein Buch. Wenn sie fortgeht, geht sie mit ihm, und vom straff kalkulierten, verbuchten und nachgeprüften Haushaltungsgeld beschert sie zu Weihnachten die ganze Familie, wobei noch ein Abendkleid und eine Ferienreise übrigbleiben. Wo und wie er dieses einmalige, aussterbende Prachtexemplar seiner Träume findet – wir wissen es nicht –, aber er hat es!

Die Lieblingsfrau sollte es rechtzeitig genug wissen: Der Jungfrau-Mann ist ein Wirtschaftswunder, ein Einteilungsexperte und Sparkommissar. Aber auch ein Hygieniker, eine Intelligenzschatulle und Besserwisser, ein Moralprediger, Familiengründer und Säulenheiliger. Hat er sich zu einem Titel hochgearbeitet, sind viele Dinge für ihn nicht mehr recht »tragbar«, denn Ruf und Ansehen gehören wie Wasser und Brot zu seinen täglichen Bedürfnissen. Die letzteren sind etwas gezähmt, bewacht, eingeteilt – auf jeden Fall »geordnet«! Folgen der Liebe gibt es keine, und wenn, dann wird geheiratet aus Verantwortungsbewußtsein. Amtlich gelieferte Weltanschauungen werden akzeptiert und in den Berufsaufstieg eingebaut – aus Nützlich-

keitsgründen. Die Berufslinie liegt schon sehr früh fest, wird in Teilabschnitten durchgehalten. Abenteuer werden nicht geduldet – aber auch nicht von der Partnerin! Es ist also nicht leicht, eine Lieblingsfrau unter diesem Zeichen zu finden, denn alle vitalen, lebenslustigen, freiheitsgewohnten und mit geschliffenem Schnäbelchen begabten Evas scheiden aus. Sie würden auch den kritisierenden Jungfrau-Mann noch an die Wand reden – und so etwas verträgt er nicht!
In der Jugend hat er etwas vom Musterknaben, später vom amtlich bestallten Pädagogen mit stets erhobenem Zeigefinger und ewig wacher Kritik. Vitale Schülerinnen würden ihn gern einmal verführen – aber nicht heiraten. So bleibt in der Regel die Jungfrau-, die Steinbock- oder Stier-Frau als Lieblingsfrau, weil sie seinen Fleiß, seine Korrektheit, Zuverlässigkeit und Sparsamkeit bewundern. Auch die Skorpion-Frau wirft manchmal ein Auge auf ihn. Wenn er aber dann in Amt und Würden ist, beginnt sie ihn leise zu zähmen, zu verwalten, zu konsumieren, denn sie ist die Stärkere! Den übrigen gefällt seine Lebensdevise: Sicherheit vor allem!
Immerhin – der Jungfrau-Mann ist für jede Frau eine Nacherziehung! Was Sie in der Schule nicht gelernt oder schon wieder vergessen haben – jetzt erhalten Sie Ihre ehelichen Nachhilfestunden! Denn der prüfende, sichtende, kritisierende Blick eines Jungfrau-Mannes reicht bis unter den Deckel des Kochtopfs oder des Haushaltungsbuches. Aber nach dem ersten, zweiten oder dritten Kind sind Sie entlastet. Nun wendet sich

die unfehlbar vorhandene pädagogische Begabung der Nachkommenschaft zu und bleibt ihr zeitlebens gewidmet. Da er gerne redet und auch immer recht hat, müssen Sie viele schöne Reden über sich ergehen lassen – manchmal mit dem Zeigefinger der Moral, manchmal mit professoraler Überlegenheit »amtlichen Wissens«. Dafür hat er selten geldfressende Untugenden, denn oft raucht er nicht, trinkt nicht, spielt nicht, ißt mäßig (das letztere ist unterschiedlich – manchen geht die Liebe durch den Magen!), nicht einmal Seitensprünge kommen unter diesem Zeichen vor (es sei denn, daß sie nicht aufkommen oder wenig Geld kosten). Größter und inflationssicherer Besitz ist: Kritik! Seine Lebensführung ist einfach, denn er hat niemals die Allüren eines Grandseigneurs, sondern handelt nach dem Nützlichkeitsprinzip, pflegt nutzbringende Beziehungen und Verbindungen und baut sie in seinen Lebensplan ein. Auf Reisen bevorzugt er weniger die teuren Hotels, sondern Verwandte und Bekannte. Deshalb sind großzügige, generöse Jungfrau-Männer so selten wie weiße Raben. Dafür erleben auch die Gattinnen von Jungfrau-Männern niemals finanzielle Pleiten! Ihr Leben steht fortan unter dem Motto: Vergnüglich leben bei billigen Preisen!

Das »Ewig Weibliche« im Zeichen Waage!

Die Lieblingsmänner der Waage-Frau (22. September bis 22. Oktober)

Wenn sich Venus, die Schaumgeborene, heute auch manchmal mit Schaumgummi tarnt, so ist sie doch immer noch Aphrodite, die Expertin der Liebe, und verleiht der Waage-Frau jenen angeborenen Erfahrungsschatz an Verführungskünsten, denen harmlose Männer so hilflos ausgeliefert sind. Sie gleicht darin der wundervoll duftenden Blüte einer fleischfressenden Pflanze, die ihr in Schönheit sterbendes Opfer dann genußvoll auffrißt. Aber welcher Mann würde nicht lieber von einer anmutigen Mädchenblüte becirct als von einer wissenden Kreuzspinne umgarnt werden? Der Effekt ist freilich manchmal der gleiche, aber die Waage-Frau hat so etwas von graziösem Scharm, liebenswürdigem Takt, »ewig Weiblichem« und unauffälligem Raffinement samt kunstgeschnitzter Venusfigur, daß es wahrer Willensgiganten bedarf, um soviel Listen und Fallen einer Aphrodite widerstehen zu können!
Ehrlich gesagt: Kein Mann will ihr widerstehen! Im Gegenteil – jeder will sie haben. Nicht immer kann die echte Waage-Frau »nein« sagen, und das bringt sie zu-

weilen vor den Scheidungsrichter. Sie weiß dann selber nicht, »wie alles so gekommen ist«. Es begann doch nur mit einem kleinen Flirt, einem liebenswürdigen Techtelmechtel, oder mit dem Hausfreund. Es geht alles so leicht und so spielerisch unter der Waage, und es macht soviel Spaß, zu wirken, zu reizen, zu probieren, und immer sind genügend Opfer um einen herum. Die Umwelt, die Partner, Freunde und Bindungen – sie alle sind das Schicksal der Waage-Frau! Schon das taufrische Waage-Mädchen hat es im kleinen Finger: Es versteht, sich hübsch anzuziehen, hat ein klein wenig mehr »Pfiff« in ihrer Garderobe als die anderen, hat ein nettes Gesicht und etwas Schick, ein heiteres Lächeln und viel Scharm. Mit diesen verchromten Armaturen gewinnt sie mühelos, wozu andere einen ganzen Hausstock, eine gut eingerichtete Vierzimmerwohnung oder mindestens eine Onkelrente als Anreiz benötigen.

Allerdings dürstet die Waage-Frau auch immer nach einem Leben in Schönheit, und in der Liebe fällt man bei ihr nicht mit der Tür ins Haus! Diese Frau hat stets ein duftiges Nylongemüt mit Spitzen und Rüschen. Als junges Mädchen wußte sie schon, daß sie »hübsch« war und »nett angezogen«. Diese anziehenden Dinge werden später von dem Angezogenen, der nunmehr das Anziehen zu finanzieren hat, als ungezogen teuer empfunden. Lieblingsmänner der Waage-Frau sind solche, die Schönheit wichtiger als Kochen finden. Merkwürdigerweise zeigt die astrologische Statistik, daß beinahe jede dritte Waage-Frau getrennt oder geschieden wird. Wer eine malende, zeichnende, musizierende, schrei-

bende oder modeschaffende Waage-Frau vom Himmel geschenkt erhielt, der sei froh, daß er damit von einer Muse geküßt wurde und verzichte auf ein pünktliches Mittagessen. Alles in allem: Die Zwillings-, Löwe- und Schütze- sowie die Wassermann-Männer sind die wahren Lieblinge einer echten Waage-Frau! Wenn sie an Widder und Steinböcke gerät, so ist das nur eigene Schuld, denn wir haben sie hier davor gewarnt!
So sehr die Waage-Frau in jungen Jahren mit ganz wenig Aufwand an Willen, Köpfchen oder Anstrengung die Männer killt, so selten ist bei ihr dauerhaftes Eheglück! Es hat sich statistisch erwiesen, daß das Motiv der Trennung oder Scheidung gerade unter der Waage in erstaunlicher Häufung um das vierzigste Lebensjahr zur Auflösung kommt. So wurde die Waage beinahe als »Scheidungszeichen« verrufen. Ebensooft aber zeigten sich auch schicksalhafte Trennungen durch Tod des Partners. Warum gerade die juristischen Trennungen überwiegen trotz eines ausgesprochenen Verlangens nach harmonischer Zweisamkeit – diese seltene Tatsache gehört zum speziellen Schicksalserlebnis unterm Zeichen Waage, das stets vom »Du« her beeindruckt wird. Der Partner, die Kontakte, die Bindungen und Beziehungen, Teilhaberschaften – all dies beeinflußt die Waage-Frau zeitlebens. Dabei verlangt gerade diese Frau am heftigsten nach Ergänzung, ist niemals egozentrisch oder prüde. In höchstem Maße aber genußfähig, mitunter kokett und anziehend wie ein Lockvögelchen, charmant und zärtlich, nachgiebig und aufreizend, voll angeborenem Talent, auf passive Weise zu

wirken, bis der Umgarnte seinen Eigenwillen verwirkt hat! Das »Wissen um sich selbst« gehört also zu den attraktivsten Waffen dieser anmutigen Eva! Das »Sinneverwirren« ist das gute Recht der Waage-Frau. Leider sind Männer machtlos gegen diese Verführungen, denn sie haben nichts Gleichwertiges anzubieten!

Die Männer, die sich von der Waagefrau becircen lassen, haben zeitweise etwas von ihrem Leben, und manchmal werden ihnen auch noch gesellschaftliche Manieren beigebracht, sei es auf dem Tanzparkett oder später beim Geschirrspülen. Es geschieht ihnen recht, denn sie hätten wissen müssen, daß die Venus seit altersher nur der Liebe dient, das Heim verschönert, den Körper pflegt und die Sinne streichelt, am Flügel singt oder Blumen malt. Wer darüber hinaus bedient sein will, der benötigt eben, wie Hans Moser so schön sagte: zum Flicken eine, zum Waschen eine, zum Kochen eine! Der Waage-Frau erste Pflicht aber ist – schön zu sein! Dieses Vorrecht von Göttinnen verlangt (weil es später recht teuer kommt!) irdischen Mammon und Männer, denen Lebensstil, Komfort und Ästhetik nicht nur Luxusartikel bedeuten. Deshalb sagt sich die Waage-Frau schon früh: Wie man sich bettet, so liegt man! Im Vertrauen zu Ihnen gesagt: Sie bettet sich gern weich, vornehm, kultiviert und möchte dann ein Leben lang verwöhnt werden! Das ist natürlich Utopie und bereitet jungen Männern von heute schon bald nach der Hochzeit heftige Anstrengungen, denn ein Leben in Schönheit kommt im heutigen Atomzeitalter ja gar nicht mehr herein!

Die Lieblingsfrauen der Waage-Männer (22. September bis 22. Oktober)

Würden Waage-Männer die Welt regieren, gäbe es keine Kriege mehr! Auch den ehelichen Krieg haßt er und vermeidet die Scheidung, so lange es nur geht. Es gibt bösartige Evas, die darauf sündigen – aber mit dem, der nach ihm kommt, werden sie ihre Sünden wieder abbüßen.

Falls Sie zu seinen Lieblingsfrauen gehören, haben Sie im Vorgeplänkel der ersten Liebe den Trauschein so gut wie in der Tasche! Er ist der einzige Mann, der gern und meist jung schon heiratet. Würde er zweimal geschieden – er heiratet zum drittenmal, denn es ist sein Schicksal: Er kann nicht allein sein! Er braucht Aussprache, Anschluß und ein Zuhause. Dazu eine hübsche, elegante und gepflegte Frau. Natürlich läßt er sich das auch etwas kosten! Vielleicht ist er auch noch der einzige Kavalier, der seiner Frau Blumen und kleine Geschenke bringt und sich niemals zu Hause gehen läßt.

Es ist wahr: Der Waage-Mann gehört zum »diplomatischen Korps« der Ehemänner! Lange Zeit überbrückt er Gegensätze, vermittelt, jongliert über Abgründe, macht Zugeständnisse und aus jeder Situation noch das Beste. Er ist kein gordischer Knotenhauer, sondern ein gesellschaftlicher Artist, der im Balance-Akt die zwischenmenschlichen Untiefen überspielt. Er versteht, ein brüskes Nein noch in ein kompromißfreundliches Ja umzubügeln und unfreundliche Dinge mit charmantem Lächeln zu verschleiern. Aus diesen und jenen Künsten des Parketts entwickelt sich bei ihm die florettfechtende Taktik der Diplomatie, die auf ehelichem Sektor meist eine tragfähige und dauerhafte Basis abgibt.

Der Waage-Mann geht immer reißend weg! Mannequinartige Puppen, schöngeistige und künstlerisch tätige Evas, aber auch angejahrte, vielfach enttäuschte Witwen haben ein Auge auf ihn! Schon unter Dach und Fach, wird er immer noch angehimmelt, vergöttert, angeschmachtet und auf solche Weise in heldenhafter Abwehr zum Widerstandskämpfer. Er ist ein vorsichtiger Mensch und gefährdet nicht gerne den ehelichen Frieden – wenn es aber garantiert niemand erfährt, wagt er gerne einen Seitensprung, den man ihm nur ganz selten nachweisen kann! Es wäre aber nicht absolut seine Schuld, denn wie sollte die sensible, schönheitshungrige Seele eines Waage-Mannes dem zielbewußten und sinnlichen Zugriff eines modernen weiblichen Würgengels widerstehen können?

Die Krebs- und Fische-Frau verhätschelt ihn zu sehr, wodurch er maßlos eitel wird. Die Jungfrau-Frau kurbelt seinen Ehrgeiz an und dirigiert ihn dann; die Widder-Frau reizt ihn, bis er platzt; die Steinbock-Frau bedrückt ihn. Aber Löwe-, Zwilling-, Wassermann-Frauen verstehen ihn wahrhaft. Selbst nach einer Scheidung bleibt er noch ein liebenswürdiger, verbindlicher

Partner – er kann nicht anders! Ausgenommen – Sie verletzen seine Eitelkeit, seinen Ruf, Stolz oder Ehre – dann ist er am Rande des »Nehmens«.
Nehmen Sie ihn zum Gatten, so werden Sie staunen: Ihr Leben mündet auf geheimnisvollen Umwegen, aber mit absoluter Sicherheit auf die breite, große und asphaltierte Straße ein! Dort angekommen, haben Sie dann einen Titel und sind in die »Gesellschaft« aufgenommen!
Den Waage-Männern macht man oft den Vorwurf, sie seien zu »geschliffen«, um noch irgendwelche Kanten zu zeigen, Stellung zu nehmen und scharf profilierte Meinungen von sich zu geben. In der Tat sind Waage-Männer geborene Equilibristen und fühlen sich auf schlüpfrigem Parkett gerade heimisch, verstehen mit Begriffen zu jonglieren. Die oft beispiellose Artistik von Wort, Manieren und Meinungen ergibt jene einmalige Kunst der Diplomatie – eine Fähigkeit, zwei gegensätzliche Standpunkte so zur Synthese zu bringen, daß man Pro oder Contra beinahe nicht mehr wahrnimmt. Solch illusionäre Künste ersparen aber dem Waage-Mann zeitlebens viel Ärger, Krach und seiner Ehepartnerin die Eifersucht, denn auch ein Mann wird um so anziehender, je mehr Frauen ihn vergöttern – vorausgesetzt, daß er anderen Göttinnen gegenüber immun bleibt! Diese Immunität in der Liebe zeigt der Waage-Mann fast stets als verläßliche Fassade. Rückwärtige Fassadenklettereien kann man ihm jedenfalls aus Gründen seiner Schlauheit nur äußerst schwer nachweisen – ein Erbteil der allezeit routinierten Venus, die

aus Höflichkeit lächelt, aber – schweigt! Dies wäre die letzte große Kavalierseigenschaft des Waage-Mannes, die ihm zeitlebens von den Frauen hoch angerechnet wird!

Daß ihn die Frauen so oft zum »Minnedienst« verpflichten, ist eine Wirkung der Venus. Trotzdem er vielen außerehelichen Verführungen ausgesetzt wird, bleibt er immer »Kavalier der Ehe«. Ob er diese Verführungen heldenhaft bekämpft, diplomatisch tarnt oder in virtuoser Routine zwei und mehreren Freundinnen dient – darüber schweigt Venus, die Vielliebende und Vielgeliebte! Jedenfalls wird der Waage-Mann keine Frau wissentlich kränken, am wenigsten die eigene! In seinen vier Wänden wünscht er Frieden, Harmonie und Gleichmaß. Nichts wäre für ihn anstrengender als Kämpfe im Seelischen, Zank und Streit!

Skorpion – der Atommeiler der Leidenschaften!

Die Lieblingsmänner der Skorpion-Frau (23. Oktober bis 21. November)

Die Skorpion-Frau liebt überhaupt nur auf den zweiten Blick! Auf den ersten fiel sie schon zu oft herein, und von da ab kennt sie die Brüder, testet ihre Absichten mit Skepsis und Vorsicht und verlangt erst einmal kategorisch Bewährungsfrist!

Selbst die Lieblingsmänner läßt sie im eigenen Safte beizen und schmoren, bis sie mit »geläuterten Absichten« Farbe bekennen. Aber der also Erwählte bereut kaum je seine liebe Not, die er mit der Skorpion-Frau hatte, denn für dieses Leben ist er jetzt umsorgt, aufgehoben und weiß, was Liebe sein kann – sogar im ehelichen Hafen!

Auch die »unpassenden« Partner, nämlich die Löwe-, Stier- und Wassermann-Geborenen müssen noch zugeben, daß sie ein Phänomen an Lebenstüchtigkeit, Zuverlässigkeit, Ausdauer und Tatbereitschaft ist. Was diese unpassenden Partner unter Umständen zur Verzweiflung treiben kann, ist die Dickköpfigkeit, Unbeugsamkeit, Eigenwilligkeit – und nicht zuletzt die schlummernde Eifersucht ihres ehelichen Zerberus,

der, lauernd und witternd, etwaige Gefahrenherde im Keim erstickt. Solch vorbeugende Ausrottungsverfahren von Freundinnen und Seitensprüngen gehen mit Vehemenz vor sich, und die also Bekämpfte, Niedergerungene sucht stets fluchtartig das Weite. Hier kennt die Skorpion-Frau keine Kompromisse, und jedem heißen Brei greift sie mutig mit den Fingern ins Mark! So eine Frau betrügen Sie nur einmal, weil Ihre Rehabilitierung ein Leben lang anhält und psychologische Schwerarbeit ist. Offen gesagt, wenn Sie Ihre Skorpion-Frau lieben, dann lassen Sie die Finger von anderen Blümchen – es rentiert sich nicht! Schon das einmalige »Aufwaschen« (falls Sie etwas verbrochen hätten) ist wie ein Naturereignis oder ein nuklearer Atompilz. Bleibt es dabei, so renkt sich die Ehe vielleicht wieder ein, aber nicht ohne langjährige Geheimkontrollen Ihrer Brieftaschen, Schubladen und Anzüge! Einmal fallen Sie ja doch hinein, denn so etwas übersteht kein Mann mit schlechtem Gewissen!
Die Lieblingsmänner der Skorpion-Frau sind paradoxerweise solche, die einen weicheren Gemütskern in sich tragen, die nachgeben können und keine Feuerproben leichtsinnigerweise herausfordern. Kurz gesagt: Es sind die Krebs-Männer, an denen die Skorpion-Frau ganz besonders das weiche Gemüt und den häuslichen Sinn schätzt. Daß sie auch mit Fisch-Männern auf Anhieb Kontakt bekommt, wissen die Fische, und oft genug begeben sie sich unter die häusliche Schutz- und Schirmherrschaft dieses lebenstüchtigen Kameraden, der ihnen – den in irgendeinem Punkt La-

bilen – den nötigen Auftrieb verschafft. Es gibt übrigens Fische-Männer, die unterm Matriarchat der Skorpion-Frau ein recht schönes und gesichertes Leben führen! Leider besitzt diese Frau neben der Neigung des Bemutterns auch eine Fähigkeit zum »Herrschen«! Und das ist der untergründige Tribut, den jeder Bemutterte schließlich einmal bezahlen muß.
Mit den Steinbock-Männern kommt die Skorpion-Frau, beruflich, geschäftlich und materiell gesehen, ausgezeichnet aus! Aber im Sektor Liebe/Erotik hat es manchmal einen Haken, weil die geschäftstüchtigen Steinböcke zuweilen auch ihre ehelichen »Pflichten« vergessen – eine Sache, die der Skorpionfrau mit ihren eingebauten leidenschaftlichen Vulkanen keineswegs behagt. Dasselbe ist mit Jungfrau-Partnern der Fall: Was Sie im Honigmond ersehnten, wächst Ihnen später über den Kopf. Vom Rest jener heldenhaften Skorpion-Frauen, die der Pflicht leben und im Seelischen Ringkämpfe mit sich selbst austragen, weiß kein Mann! Es ist wahr: In tiefsten seelischen Bezirken braut ein Atommeiler der Leidenschaften. Allezeit wacht die Skorpion-Frau über diese unterirdischen Gemächer, deren Schlüssel sie nur demjenigen auszuhändigen gewillt ist, der nicht eines Tages wieder durch Hintertüren entweichen will. Die tatsächlich Entwichenen aber wissen, daß mit dem roten Mars nicht zu spaßen ist. In der Regel sind sie auch etwas beschädigt und lassen künftig die Finger von unverbindlichen Abenteuern, die bei der Skorpion-Frau in den seltensten Fällen zu einem Happy End führen!

So hält diese Frau nicht viel von aalglatten Manieren, von gesellschaftlichem Schnick-Schnack und den Allüren einer »Grande-Dame«. Sie hat einen unbeugsamen, knitterfesten Kern und weiß recht genau, was sie braucht oder was sie will! Es hat sich allerdings auch bewiesen: keine Skorpion-Frau ohne Bewährungsproben und Schicksalsschläge, ohne harte Abschiede oder Herzenskämpfe.
Ihre Devise lautet: Alles oder nichts! Daß sie auch alles gibt, das wissen ihre Lebenspartner. Allem veredelten Wortgeschwafel und neurotischen Liebestechniken abhold, verlangt sie aber auch von ihrem Partner Format auf allen Flächen. Von Jugend auf nicht gerade verwöhnt, käme sie recht gut allein durchs Leben. Worauf sie aber nicht verzichten kann – das ist die Liebe! Und auch hier verlangt sie ihren Tribut an Achtung, Wertschätzung und Treue! Man verletze einmal ihren Stolz und ihr Selbstgefühl – man wird erfahren, wozu eine echte Skorpion-Frau fähig ist! Daß der rote Mars (der Herrscher des Zeichens Skorpion!) zuweilen ihre Gefühle verdunkelt und zu Leidenschaften komprimiert, zwingt Männer über kurz oder lang dazu, Farbe zu bekennen! Daß der Mars zu ganz schönen Gewittern und Katastrophen fähig ist, zu Blitz und Donner, Hagelschlag und Wolkenbruch, Ehekrieg und gewaltige Versöhnungen (siehe etwa Anna Magnani oder die »schreckliche Anna«), das erfährt jeder, der in den Bereich solcher Gefühlsgewitter käme! Casanova geriet wohl niemals an eine echte Skorpion-Frau – er wäre nicht ungerupft von dannen gezogen!

Was manche erst zu spät erfahren: In einem charakterlichen Geheimfach mit doppeltem Boden befinden sich List und Schläue nebst hundertprozentigen Verführungskünsten. Es gibt viele Männchen, die von der Skorpion-Frau (falls akzeptiert) zu Männern umerzogen werden, was ihr nicht immer reine Freude macht, denn sie sucht den Kampf der Geschlechter, und – sie will darin gerne siegen! Das »Unterliegen« ist bei der Skorpion-Frau eine selbstgewollte Handlung und nur kurzfristig limitiert. Männer sollten sich ihrer »Siege« nicht sonderlich freuen – sie müssen dafür bezahlen, in irgendeiner Münze und zu irgendeiner Zeit!

Die Lieblingsfrauen des Skorpion-Mannes (23. Oktober bis 21. November)

Oft genug hat es sich schon praktisch erwiesen, daß der Skorpion-Mann für seine jeweilige Gattin zu den »Prüfungen« des Lebens gehört, die einen unverschuldeterweise wie Masern oder Zahnfisteln überfallen können! Immer ist schon im Becher der Hochzeitsfreude der spätere Wermutstropfen enthalten, und manches überreife, eheliche Palaver erinnert durch das »Bohrende« im Wesen des Skorpion-Mannes an leidvolle Stunden beim Zahnarzt. Es ist nicht zu spaßen mit diesem marsisch imprägnierten Gemüt, in dem zuweilen eine wahre Schlangengrube an List, Ironie und sarkastisch zerpflückender Welt- und Menschenbetrachtung nistet! Langjährige Gattinnen von Skorpion-Männern haben immer Plisseefalten in der Seele und verstehen sich auf die hohe Lebenskunst, mit einem Auge zu lächeln und mit dem anderen zu weinen. Sie werden nur von anderen Leidgeprüften verstanden, die den Weg der Selbstabtötung allen Stolzes von der Gewöhnung bis zur geistigen Immunität bereits durchschritten haben, denn die liebevolle Betreuung und »Behandlungsmethode« eines echten Skorpion-Mannes reicht von der ironischen Massage bis zur kalten Abreibung – eine permanente Roßkur, die den Behandelten im Laufe des Lebens zu einer soliden Elefantenhaut verhilft.

Als Äquivalent erleben Sie beim Skorpion-Mann niemals Pleiten! Sie sind versorgt, aufgehoben und verarztet. Von Seitensprüngen ist keine Rede mehr, denn die schönste seiner Fähigkeiten ist die Begabung zum Amateur-Kriminaler. Er sieht, hört und weiß alles – ja selbst in Abwesenheit kommt er noch auf all Ihre Schliche, kraft eines »magischen Auges«, das in Taschen, Schubladen und Geheimfächer dringt. Selbst Ihre geistigen Schubladen entlarvt er noch durch systematische »Gehirnwäsche«. Falls Sie kein ausnehmend gutes Gedächtnis und auch kein Talent zum Märchenerzählen besitzen, entschließen Sie sich am besten zur Wahrheit, um einem Verhör dritten Grades zu entgehen. Auf einen eigenen Willen können Sie künftig völlig verzichten, Ihr Skorpion-Mann kann damit die ganze Familie versorgen. Zuweilen hat er ein ruppiges Gemüt und kann dann etwas »massiv« werden. Die lieben und guten

Worte, die er in seltenen Sternenstunden sagen möchte, werden ihm stets vom Mars leicht angespitzt und ironisch verfärbt, bis sie wieder einmal draußen als Widerhaken im Fleische der anderen sitzen. Meist hat er auch noch recht, denn die Pfeile aus dem Skorpion-Köcher treffen mitten ins Herz der Dinge. Hundertprozentige Skorpion-Männer sind Verächter jeder Konzilianz, besitzen Zivil-Courage und nennen alle Dinge beim Namen! Gott bewahre Sie allerdings vor dem eifersüchtigen Typ dieses Zeichens, der zum Berserker werden kann und dann jede Wohnungseinrichtung zerlegt. Er ist jeder Schmeichelei abhold, und die ihm vom Mars verliehene Gabe des Zuschleifens aller Kanten und Ekken erhöht sein Wissen um die eigene Vollkommenheit. So gedeihen denn unterm Skorpion manchmal die Haustyrannen, aber auch die Pflichtgetreuen und Arbeitstiere und die Lordsiegelbewahrer der eigenen Souveränität. Glauben Sie nicht, daß er kein Herz hätte! Aber bevor ihm der Mund überläuft, beißt er sich lieber die Zunge ab. Nehmen Sie ihn ganz einfach, wie er ist, denn für eine Frau ist ein Skorpion-Mann immer Fatum!

Die Erwählte muß also wissen, daß sie zwar einen alten Kämpfer im Bereich der täglichen Nöte geschenkt erhielt, daß er aber auch jeden beliebigen Kampf in der Ehe durchhält und dabei zweifellos einmal endgültig siegt, ohne sich gleich scheiden zu lassen! Dieser Tag der Erkenntnis wird Ihr persönlicher Bußtag, falls Sie gesündigt hätten – was ja in den besten Familien vorkommt.

Natürlich hat auch er nicht immer eine »weiße Weste«! Nur entdecken Sie in den seltensten Fällen seine dunklen Punkte, weil er ein Genie im Vernebeln und Tarnen ist. Er selber hat so manche Lieblingsfrau – aber nie ganz zum Spaß! Immer probiert er so lange herum, bis er sicher zu sein glaubt, die endgültig Richtige gefunden zu haben – nämlich die treue, wirtschaftliche, praktische, zuverlässige Hausfrau. Es ist nicht auszudenken, was er in einer einzigen Frau alles haben will! Daß es solch eine Venus nicht gibt, weiß er natürlich. Aber lachen Sie nicht: Die Ihnen noch fehlenden Charaktereigenschaften erzieht er Ihnen an oder nach! Und darin hat er eine grenzenlose Ausdauer wie zu allen Dingen, die im Bereich der Gefühle, Leidenschaften, Triebe und des Berufs liegen.
Sie haben also einen »Drillbohrer« geheiratet, und diesem Umstand verdanken Sie Ihre vollakademische Ausbildung zur Hausfrau, Köchin, Geschäftsfrau und – Geliebten! Wenn Sie eine Krebs- oder Fische-Frau wären, würden Sie diese Strapazen erfolgreich durchstehen. Die Stier-Frau müßte zeitweise in einen Bunker flüchten, die Löwe-Frau würde kämpfen bis zur Selbstvernichtung und die Wassermann-Frau würde das Weite suchen. Nur die Steinbock-Frau hält durch und überlebt auch noch einen Skorpion-Mann!

Im Schützen kommt man auf den »dritten Mann«!

Die Lieblingsmänner der Schütze-Frau (22. November bis 20. Dezember)

Die Schütze-Frau zeigt im Umgang mit Männern ausgesprochenes Bastel-Talent, denn sie hat niemals nur einen einzigen zur Wahl, sondern es läppern sich fast immer zwei, drei und mehr zusammen. In Ihrer Seele befindet sich Knopf an Knopf – aus Zwiespalt und Zweifelsucht gewoben.

Im Eifer der ersten Liebe zeigt sie noch temperamentvollen Schwung und verlangt, daß das Leben ein Meer von Liebe sei, unausschöpfbar und von jeder Woge zu neuen Höhen der Begeisterung führend. Kurz nach der ersten Ehe schrumpft dieses Meer dann zu einem häuslichen Bottich zusammen, mit einem Karpfen darin, der langsam, aber sicher Moos ansetzt. Dies zwingt sie manchmal zu »Liebesaffären« im Nachbarteich, wo es ab und zu bei gemäßigten Wogen zu angenehmem Plätschern im Seichten kommt. Aber auch dies ist schon mehr oder minder ein Verlandungsprozeß, dem dann die zweite, ja nicht selten die dritte Ehe folgt.

In ungünstigen Fällen wird auch der Bottich noch zum Tränenkrüglein. Ist aber einmal das Wasser des Kum-

mers verdunstet, bleibt das Salz der Erkenntnis übrig: Der erste war gar nicht so schlimm und der zweite ist auch nicht besser.
Solchermaßen psychologisch versiert, richtet sich die reif gewordene Schütze-Frau allmählich auf eine friedliche Ko-Existenz ein, deren geschäftliche Grundlagen das Lebensschifflein vor dem Stranden bewahren – deren Herzensbedürfnisse gelegentlich von »auswärts« importiert werden! So mancher Schütze-Frau (beileibe nicht allen!), deren zartes Vogelstimmchen im jugendlichen Herzen einst von der großen Liebe zwitscherte, bleibt am Ende als größte Lebenserfahrung ein gediegenes juristisches Fachwissen über zuständige Scheidungsparagraphen!
Solchermaßen über des Meeres und der Liebe Wellen geschaukelt, vermag sie sogar den Exgatten in den neuerlichen Pubertätsschwierigkeiten seines Johannisfeuers geistig wie seelisch zu beraten – eine Reife, wie man sie nur von einem edlen, alten Kognak erwartet. Trotz des Krematoriums an verbrannten Wünschen und beerdigten Hoffnungen versucht sie aber bis zum geistigen Klimakterium immer wieder einmal aufs neue zu glauben! Sie weiß, daß den Brüdern nicht zu trauen ist, aber sie hofft immer auf den Mann mit dem griffigen Charakterprofil, der ihr den nagenden Zweifel, den bohrenden Zwiespalt und die Unentschlossenheit mit kräftiger Hand ausrottet: Er wird ihr dritter Mann und er wäre gleich der Richtige gewesen! Als Stier- und Skorpion-Mann gehört er zwar nicht zu ihren Lieblingsmännern, aber daß sie von beiden so ausschließ-

lich und besitzergreifend geliebt wird, macht ihr Spaß. Dieser Spaß ist limitiert und endet eines Tages in fruchtlosen Debatten über die »Freiheit des Individuums«. Diese Freiheit beginnt aber für die Schütze-Frau erst wieder in den Schicksalspausen zwischen Scheidung und Standesamt.

Sie hätte es schon in frühester Jugend wissen müssen, daß ihre wahren Lieblingsmänner unterm Widder, Löwen, Wassermann und Waage gedeihen! Daß sie unversehens und fast ohne eigenes Verschulden jeweils in einem Pferch der Liebe landet, ist ihr ureigenstes Schicksal. Tröstend ist die Gewißheit, daß es meist ein gutsituierter, vornehmer, materiell fundierter Pferch ist – oder was man so sagt: eine »gute Partie«. Und damit hätte sich immerhin ein Drittel der stolzesten und sehnsüchtigsten Jungmädchenträume erfüllt!

Manchmal, wenn sie die Problematik des Lebens kurzfristig überwältigt, geht sie ernst und mitleidlos mit sich selbst zu Rate, spürt nach dem roten Faden im Labyrinth ihres eigenen Herzens und wird dann beinahe zur Psychologin. Nur ihr angeborenes Temperament rettet sie vor dem Grübeln, denn allzu tief sieht sie die zwei Seiten einer Sache und vergleicht Für und Wider. Aber der Kampf mit der Mördergrube des Zwiespalts ist ein Kampf mit der Hydra, denn die Probleme wachsen sozusagen unter den Händen nach. Eines aber wird niemals übersehen: Das Höherklettern auf der gesellschaftlichen Leiter! Wird aber die Ehe zum goldenen Käfig, so ist es die Sehnsucht nach Weite und Ferne, die wiederum an den Gitterstäben rüttelt. Unterm Schüt-

zen straft sich eben Scheinglück, schöner Wahn und Lebensglück zu billigen Preisen gleichermaßen. Mit all diesen Problemen wird die Schütze-Frau im stillen Kämmerlein niemals fertig.
Aber dies setzt Männer von Format voraus, Kavaliere der alten Schule, die auch noch am Kamin interessant zu plaudern wissen. Denn die Schütze-Frau braucht die »Aussprache«, das »Du«, die Beleuchtung der Gesichtspunkte mit den Scheinwerfern des Für und Wider, denn der »Weisheit letzter Schluß« erweist sich oft nur als ein erhöhter Aussichtspunkt, hinter dem sich schon wieder die Wege gabeln! Ob es die Liebe ist oder der Forschungsdrang im Geistigen oder die Weiten-Sehnsucht (dem Symbol für innere Rastlosigkeit!) – immer liegt des Pudels Kern im eigenen Seelen-Labyrinth, denn alles Fernweh ist nur »Suchen« und alle Nähe ist nur kurzfristiges Verweilen, hinter dem im Zeichen Schütze schon wieder die Abschiede lauern. So werden die Männer geprüft, gewogen und verglichen – und fast immer für zu leicht befunden. Die mit dem seelischen Tiefgang aber werden zum »Stein am Bein«. Im ganzen gesehen, ist es aber nicht tragisch, denn die Schütze-Frau hat ein ewig junges Herz und findet immer wieder einen!

Die Lieblingsfrauen der Schütze-Männer (22. November bis 20. Dezember)

Von diesem Wanderer zwischen zwei Welten weiß man, daß er fast niemals an seinem Geburtsort verbleibt! Von hundert Schütze-Männern leben neunzig im Ausland oder kommen dorthin – zumindest aber weit entfernt von der elterlichen Sphäre. Glück – so wähnt der Schütze-Mann – beginnt in der Ferne! Die großen Globetrotter, Forschungsreisenden, die Auslandsingenieure, Exportkaufleute, die Kerle, die gegen den Stachel von Recht, Gesetz oder Weltanschauung löcken – die Freibeuter und Rebellen im Geiste wider den Krämer-Horizont, die Unabhängigen, Freimütigen und Weltverbesserer, die Optimisten aus Leidenschaft, die »Getriebenen« und ewigen Wanderer – sie alle sehnen sich nach dem freien Sternenzelt unterm Schützen!

Ihre Gattinnen haben ihre liebe Not, sie an den häuslichen Herd zu fesseln, denn sie finden allezeit »unterwegs« so viele kleine Freuden, daß sie zuweilen ganz vergessen, wo der schmale Pfad von Tugend und Pflicht verläuft. Vom lockenden, unbekannten Abenteuer »verführt« zu werden, ist dem Schütze-Mann ein lebenserhöhendes Gefühl!

Wenn Sie uns fragen: Lassen Sie ihm doch die Freiheit, das Suchen und »Finden«! Einmal gefunden, wird es ihm schon wieder langweilig und manchmal zur Last. Und außerdem: Er kommt immer wieder! Im letzten Winkel seines Herzens ist eine Hintertür, und immer

wieder reizt es ihn, durch diese geheime Pforte zu entschlüpfen. Es ist das »Abgründige« im Schütze-Mann, das Spekulative, das Spiel mit dem Glück oder dem Zufall, die Sehnsucht nach dem Wunderbaren.
Älter geworden, hat er langsam eingesehen, daß auf allen Herden und in allen Töpfen mit Wasser gekocht wird. Gewiß – auch dann noch poltert er manchmal, ist reizbar, zwiespältig, vielgesichtig, aufbegehrend, ungeduldig. Lassen Sie ihn poltern, denn es tut ihm hernach wieder leid. Sehr gereifte Gattinnen von Schütze-Männern beherrschen die Kunst von Walfischfängern. Sie lassen die ehelichen Fesseln etwas nach, ziehen sie wieder an und lockern aufs neue. Er wird dabei müde, und später gibt er es auf. Als »Eigentumswohnung« aber können Sie das Herz eines Schütze-Mannes niemals kaufen. Betrachten Sie sich lieber lebenslänglich als seine Freundin, denn eine Freundin braucht er fast immer. Ihr beichtet er alle Wunden seines Gemüts und die geheimsten Sehnsüchte. Einen Schütze-Mann zu haben und auch zu behalten, heißt daher, psychologische Seelenberaterin, Dompteuse und Philosophin von hohem Rang zu sein! Unseren Glückwunsch zu Ihrer Selbstverleugnung und Seelengröße, wenn Sie es mit einem Schütze-Mann auf die silberne Hochzeit bringen!
Gewöhnlich hat er prophetische Ahnungen – von dem, was ihm später blüht. Aber gleich Odysseus (er war sicherlich ein Schütze-Geborener!) gerät er nach langwierigen Irrfahrten, vorbei an zahllos lockenden Sirenen, in den ehelichen Hafen. Später behauptet er, ihn

freiwillig angesteuert zu haben. Aber dem ist nicht so! Es liegt daran, daß sich Schütze-Männer keineswegs wie Odysseus an den Mast binden, sondern von Sirenenangeboten ausgiebig Gebrauch machen! Niemand nimmt ihnen das übel, am wenigsten die Sirenen.
Aber jung gewohnt ist alt getan! Und eines Tages kommt der Lebenslustige, Vielgereiste, preisend mit viel schönen Reden an die Falsche – die er als die Richtige zum Standesamt führt. Bald nach der Hochzeit hält er gezwungenermaßen witzige Conférencen über das Anregungsbedürfnis des Mannes und die Universalität der Liebe. Es gibt aber wenig Gattinnen, die solch welt- und weiboffene Horizonte auf die Dauer als »naturgegeben« in Ordnung finden! Und so beginnt der Schütze-Mann – gerecht und freiheitsbewußt – wieder zu »suchen« – nach seinem Sternen-Double.
Sehr reif und ruhiger geworden, geht er nicht mehr in die Ferne, sondern in sich. Dann findet er, daß es ganz egal ist, welche Frau er auch heiratet – es wird doch immer ein Kompromiß daraus. Dann sündigt er nur noch – im Geiste.
Die wahren Lieblingsfrauen des Schütze-Mannes sind jene, die nicht sofort juristisch formulierte Wünsche zeigen, in den Familienstand erhoben zu werden! Trotzdem aber heiratet jeder Schütze-Mann einmal, sehr viele sogar zweimal und ganz Unverwüstliche dreimal. Daß sein Liebesglück fast immer in der Ferne blüht, ist eine statistisch erhärtete Tatsache! Jüngere Schütze-Männer tragen Mördergruben im Herzen, in denen sie abwechselnd ihre Gefühle hegen, dann wie-

der schlachten. Sie werden zwangsläufig zu Lebenskünstlern und im besten Fall kommt dann jene Frau, die sie bemuttert und ihrer schwankenden Entschlußlosigkeit eines Tages in kühnem Frontalangriff eine Ende bereitet. Sie ahnen es: es ist fast immer eine Löwe-Frau, sehr oft auch eine Widder-Frau, mitunter auch eine Dame aus dem Zeichen Skorpion. Die Seelenfreundinnen sind aber aus Wassermann und Waage! Trotzdem: Niemals erstirbt der Zweifel in seiner Brust, welche die Richtige nun wohl sei!

Es liegt auf der Hand: Er braucht einen Harem: eine Frau für alle Tage und schlechtes Wetter, aber auch eine für die Sonntage des Lebens, ein kesses Mädchen zum Verlieben, aber auch eine reife Frau zum Beichten, einen prickelnden Satan zum Abgewöhnen und eine Dame der Gesellschaft, um sich an ihr »emporzuranken«! Last not least möchte er strauchelnde Mädchenseelen retten und neugierige verführen. Nur die allzu »Wissenden«, die Überreifen, die Witwen mit dem harten Zugriff, die Energischen, die ihn Hausmannskost, Pflichtbewußtsein und Ankerwerfen lehren wollen – die scheut er!

Ein »einnehmendes« Wesen im Zeichen Steinbock!

Die Lieblingsmänner der Steinbock-Frau (21. Dezember bis 19. Januar)

Im tiefsten Grunde einer weiblichen Steinbock-Seele brauen manchmal die Nebel, ziehen die Wolken, und nur selten gelangt ein Strahl Sonne in diesen psychischen Atommeiler. Man muß als Partner dieser Frau schon sehr vorsichtig zu Werke gehen und eine weitreichende Antenne besitzen, um hinter den Panzerwänden der Vorsicht, der Skepsis, des Mißtrauens und der Realistik die von der Kernspaltung zermörserten Gefühle zu erspüren!
Steinbock-Frauen halten im allgemeinen nicht viel von Sternen, denn der Himmel ist weit, und kein Mensch lebt heute mehr von Gedichten, Liebesschwüren und Ambrosia. Schon der bräutliche Einzug in ein sechzig Quadratmeter umfassendes Liebesnest mit Müllschlucker für gute Vorsätze kostet Vorauszahlung und Zins. Niemand weiß das besser als die Steinbock-Frau, und sie weiß es schon von frühester Jugend an.
Es ist anzunehmen, daß die früheren Minnesänger bei einem Ritterfräulein aus dem Steinbock wenig Glück hatten, denn eine festgemauerte Kemenate in einem so-

liden Turm mit einem älteren, aber sozial gesicherten Ritter war einer Steinbock-Frau von dazumal lieber als ein fahrender Sänger mit lockender Klampfe!

Es gibt sicherlich Leute, die Nachtigallen, Schleierfische oder Orchideen züchten. Aber eine echte Steinbock-Frau zieht, bildlich gesprochen, Hühner, Karpfen oder Gemüse vor! Immer wieder macht man ihr diese realistische Weltanschauung zum Vorwurf, obgleich sich doch im Endeffekt auf dieser Erde erweist, daß eine gutgehende Wurstbraterei den Ertrag aus dem geistigen Höhenflug eines Professors bilanzmäßig weit übertrifft!

Damit wären wir also bei den Lieblingsmännern der Steinbock-Frau: Ein Fundament müssen sie unter den Füßen haben, am besten einen unverwüstlichen Betonsockel, auf dem sich weiterbauen läßt, denn Bauen gehört zu ihren Lieblingsbeschäftigungen.

Falls Sie es darauf abgesehen haben: zum Lieblingsmann dieser Frau wird man durch Selbsterziehung oder (was manchmal die Nerven strapaziert) durch Umerziehung in der Ehe! Denn von ihrer Ehe verlangt die Steinbock-Frau Ordnung, Dauerhaftigkeit, Verläßlichkeit!

Das Klima der Liebe braucht nicht tropisch schwül zu sein – sie bevorzugt eher die gemäßigte Zone. Sollten Sie aber nicht mehr ganz im ersten Liebesfrühling stehen, sondern schon Nachsommer feiern, so wäre das kein Hinderungsgrund, denn gerade mit gereiften Jahrgängen (nicht zu verwechseln mit dem ersten Reif auf diesen Jahrgängen!) versteht sich eine Steinbock-

Frau ausgezeichnet. Mit solchen Männern kann man Pläne schmieden und ferne Ziele aufrichten. Der Beruf solcher Lieblingsmänner sollte eine Stufenleiter sein, deren einzelne Sprossen von Titeln begleitet sind. Ab und zu gibt es natürlich eine Prüfung auf Herz und Nieren, bei Verdacht auch auf Taschen- und Schubladeninhalte! Wer also neben seiner Steinbock-Frau auf längere Zeit heimlich, still und leise verbotene Blümlein pflücken wollte, der müßte schon ein kriminalistisches Genie sein, denn eines Tages droht die Entdeckung, und es wäre der schwarze Tag seiner Ehe!
Mit dem Stier- und Jungfrau-Mann kämen solche Entgleisungen wohl niemals vor. Der Skorpion-Mann wäre ein tätiger und ebenfalls ehrgeiziger Partner, aber seine abgründige Schläue wetteifert mit jener der Steinbock-Frau, weshalb wir ihn nicht mehr so ganz zu den Lieblingsmännern zählen können.
Überhaupt haben es auch die Lieblingsmänner hier selten ganz leicht mit dem »Erobern«! In den Seelengewölben der Steinbock-Frau befinden sich die eingemachten Töpfe voll schwerer Gedanken, Zukunftssorgen, materiell fundierter Wünsche und Verlangen nach lebenslänglicher Sicherheit. Zuweilen begibt sie sich in dieses Reich des Saturn und beginnt dann zu grübeln, zu planen, vorauszusorgen! Es ist keine heitere Tätigkeit, denn der Saturn ist eben das Symbol für Arbeit, Tätigkeit, Pflicht, Mühe und Sparsamkeit (manchmal auch für Habsucht oder Geiz!). Mit diesen seelischen Lindwürmern kämpft die Steinbock-Frau des öfteren, so z. B. mit dem bohrenden Zweifel, dem Mißtrauen,

der Vorsicht oder ganz einfach der Lebensangst. Zuweilen beginnt sie, ihren Partner zu beobachten. Dies führt dann nicht selten zu einer hochentwickelten Technik der Eifersucht, die ihre Dynamik aus dem Stolz bezieht. Unterm Steinbock kann man eben die Lebensfreude nicht künstlich züchten, und sie kommt auch nicht aus dem eigenen Herzen, sondern über die Materie, über die Sicherheiten, schlicht gesagt – über das Geld. Wenn Bienen aus allen Blüten Honig saugen, so die Steinbock-Frau aus allem den Nutzen, den Gewinn.

Selten kommt ihr das »einnehmende Wesen« so richtig zum Bewußtsein, selten aber auch erlebt sie totale Pleiten! In reiferen Jahren kommt sie prompt auf Pensionen, Renten, Zinsen und Mieten. Wir haben noch keine echte Steinbock-Frau gesehen, die in den Stürmen des Lebens jemals unterging. Aber auch keine saturnbelastete Dame dieses Zeichens, die sich ihres Lebens so richtig freuen konnte! Nichts braucht sie so sehr wie einen beschwingten Partner, der ihr die Seelenballaste ohne größere Kosten freiwillig tragen würde. Die meisten Männer haben aber auf lange Sicht nicht die nötige Ausdauer zum Trösten, Schmeicheln und zur Seelenmassage. Paradox genug: Obwohl diese Dame nicht für Streicheln und Schmeicheln ist (wegen der allzu großen Selbstbezogenheit), verlangt sie doch heftig nach solch ehelichem Komfort!

Obendrein verlangt sie ihn ausschließlich und uneingeschränkt für sich allein, weshalb die marternden Stunden der Eifersucht nur ganz selten aus ihrem Leben fortzudenken sind. Saturn ist der Planet der Kälte und Konzentration, des zweckgebundenen Denkens und des selbstquälerischen Grübelns. Er braucht manch freundlichen Aspekt, um sich vor innerer Vereinsamung, vor Egozentrik oder Trennung zu bewahren! Die Liebes- und Ehepartner einer Steinbock-Frau haben also ein lebenslängliches Werk vor sich: das Werk der Selbstaufgabe und Selbstüberwindung, der harten Pflichterfüllung und des völligen Verzichts auf alle wildwachsenden Blümlein am Wege.

Die Lieblingsfrauen des Steinbock-Mannes (21. Dezember bis 19. Januar)

Von den Steinböcken weiß man, daß sie hartgesottene Manager-Typen sind und lange Zeit auch mit einer Haushälterin recht gut auskommen können. Sie lieben die sachliche Atmosphäre von Beruf und Geschäft über alles, und nicht selten verquicken sie auch die Liebe damit.

Die hohe Schule der Liebe, die sich noch Don Juans und Casanovas leisten konnten, hat für den ewig planenden und rastlos vorwärts strebenden Steinbock-Mann wenig Attraktion. Die Gefühle hat er schon sehr früh im Beruf eingebaut, und manchmal überwuchert sie der Ehrgeiz. Steinböcke haben es daher gern, wenn sie nicht ausschließlich von der Ehe und deren Pflichten strapaziert werden.

Diejenige Eva wird auf Anhieb zur Lieblingsfrau, mit der man über Beruf, Geschäft und Können vernünftig reden kann. Das ist ein so todsicherer Tip, daß wir nun fast um die Steinbock-Männer bangen müßten. Es kann aber vorkommen, daß die Bremse der Vernunft und die stets einsatzbereite Skepsis den echten Steinbock-Mann so lange prüfen läßt, bis die Geprüfte schon wieder einen anderen gefunden hat.

Eine besonders innige Freude hat der Steinbock-Mann am steigenden Pegel seines Kontos, was in der Jugend schon zu frühem Umgang mit Sparbüchsen führt. Reines Geldausgeben ohne sichere Gegenwerte, nur so aus Freude am gelebten Leben, verursacht ihm seelisches Sodbrennen und treibt ihn, falls er einmal gar solche Anfälle bekäme, zu erhöhtem Sparen.

Als Lieblingsfrau sollten Sie also einen ähnlichen Hang zum Geldüberhang oder zu »festgefahrenen Werten« haben, wie etwa zu Bausparkassen, Aktienpaketen, Geschäftsinvestitionen. Mit der bloßen »lockeren Hand« und einem Hobby zu vergnüglichem Leben bohren Sie an seinem Nervensystem herum wie eine Zahnfistel.

Leben Sie also gerne von heute auf morgen – etwa wie ein in der Frühlingssonne schwelgender Star, so sind Sie ihm von Grund aus unverständlich, denn er rechnet wiederum nicht in Tagen oder Monaten, sondern in Fünf- bis Zehnjahres-Plänen!

Fragen Sie sich daher in einer grübelnden Stunde der inneren Einkehr, ob Sie zeitweilig entsagen können und an fiktivem Reichtum Freude haben könnten, denn

Sparkassenschlüssel wären unauffindbar, und die Kontoauszüge wären nur ein platonisches Wissen um Ihren Reichtum!

Bringen Sie aber das Gehortete lieber unter die Leute, so müssen Sie einen Zwilling-Mann heiraten. Diese Selbsterkenntnis kann Sie noch einmal retten vor einem »gesicherten Leben«. Freilich aber auch vor einem gesicherten Lebensabend, denn nichts auf dieser Welt ist vollkommen.

Wer auf Leben und Tod versichert sein will, greife zur Police eines Steinbock-Mannes! Die Prämien werden Sie seelisch zu bezahlen haben! Dafür ist aber der Steinbock-Mann ein Mensch der planenden Tat, der Organisation und Fachmann im Rationalisieren. Nicht selten rationalisiert er sein eigenes Leben und die Gattin dazu! Seine psychologischen Untiefen deckt er stets mit Arbeit zu und schweigt ganz einfach über Dinge, die nach innen münden. Ideen, Pläne und Ziele schweben niemals im luftleeren Raum, sondern verlangen nach greifbarer Existenz, nach Prüfung und Sichtung. Seine Antenne wittert stets preisgünstige Gelegenheiten, und ein gut fundiertes Diesseits ist ihm lieber als ein vages Jenseits. Steinbock-Männer kennen die Formel von der planmäßigen Vermehrung des Besitzes: immer etwas weniger ausgeben, als man einnimmt. Selbst Inflationen und Erdrutsche scheitern am Steinbock-Mann, der sie alle überdauert und immer aufs neue wieder zu Geld kommt.

Dem Luxus freilich ist er abgeneigt! Er sieht immer ins Herz aller Dinge und huldigt einem Lebenslauf, der

weder hektische Sprünge, lethargische Flauten noch Fieberkurven der Leidenschaften zeigt.
Nur die eigenen Gattinnen kennen die seelischen Reizstreifen, die psychischen Tiefdruckgebiete mit den Voranmeldungen von Launen, Stimmungen und einem Bedürfnis nach Alleinsein! Sie überlassen ihr bestes Stück ganz einfach sich selber, wohl wissend, daß er aus der Asche der Selbstvernichtung immer wieder als Phönix aufsteigt, was dann meist mit erhöhter Autorität einhergeht.
Solche Gattinnen sind nach langjähriger Ehe ebenfalls durch nichts mehr zu erschüttern. Sie haben ihr »Hauskreuz« als ständige Buße im eigenen Heim. Dafür gründet sich Ihr Schicksal nach der Heirat auf einen Felsen. Einen Felsen aber kann man zuschleifen, doch niemals schnitzen. Was so eine Frau einmal hat, hat sie! Damit wird ihr der Steinbock-Mann fürs Gemüt zum Schleifstein und dient der persönlichen Höherentwicklung. Alle Entwicklung aber tut weh!

Die perfekte Geliebte!

Von den Lieblingsmännern der Wassermann-Frau (20. Januar bis 18. Februar)

Diesem gelungenen Mädchen ist nichts heilig: kein Titel, kein Geldsack und keine sanktionierten Konventionen! Ihr imponieren weder der »starke Mann« noch der Arrivierte im rollenden Glassarg mit Geldüberhangschnauze und wohl am wenigsten der Mann mit den »geheiligten Grundsätzen« oder der von »Obrigkeiten« ferngelenkte ergebene Diener! Sie hat eine Art Wünschelrute im Herzen, die auf Geist, Witz, Ironie und ungekünstelte Natürlichkeit anspricht, ein wenig freilich auch auf Sensationelles, Ungewöhnliches, Originelles und vor allem Nicht-Alltägliches! Die »Gutbürgerlichen«, die Männer im Laufstall gesetzlich genormter Weltanschauungen, die Spießer, die Hochmoralischen, Amoralischen, die Eroberer im wallenden Nachthemd oder die beamtlich Korrekten im Stehkragen der Selbstgefälligkeit – sie alle fallen bei dieser Frau flach!

Dennoch: Sie hört sich alles an, heiter-verbindlich lächelnd, als ob sie kein Wässerchen trüben könnte, aber was sich in ihrer geistigen Schatulle an Spritzgebackenem vorfindet, errät keiner! Es ist amüsant, zu beobachten, wie sich die Sicherwähnenden, die Parkettlöwen und die Konventionellen mit dem steifen Knick im seriösen Rückgrat, von dieser irrlichternden Eva gegen den Strich gestreichelt, durch ein paar heiter-ironische Sätze aller Pfauenfedern beraubt fühlen.

Man kann von einer Wassermann-Frau auf unergründliche Weise auf Anhieb akzeptiert oder anmutig am Boden zerstört werden. Für einen seligen Augenblick erobert, legt diese Frau nicht den geringsten Wert darauf, von nun an gleich zur »Lebensgefährtin« erkoren zu werden! Von jetzt an kann sie Ihnen jedoch, falls Sie nicht langweilig werden in Ihrem Repertoire, zur echten Freundin werden, denn diese Art der unkonventionellen Liebe liegt ihr am meisten! Die gesetzlichen wie auch die unverbindlichen Besitzer von Wassermann-Frauen bestätigen es einmütig: als wahre Freundin leistet sie Unwahrscheinliches an Treue, Opferbereitschaft und Kameradschaftshilfe in allen Lebenslagen. In der Ehe dagegen bricht sie manchmal aus!

Sie hat eine merkwürdige Schwäche für die Unterdrückten, für die Außenseiter, die bürgerliche oder gesetzliche Schablonen verachten. Ja, selbst wenn Sie hinter Schloß und Riegel säßen – die Wassermann-Frau hält zu Ihnen. Vom Klischee offizieller Moral her gesehen, sprengt sie jeden Begriff banauser Formen. Sollten Sie sie aber für ein leichtes Mädchen halten, so wären Sie gründlich auf dem Holzweg! Eher erobern Sie ein moralgesättigtes, aber nach Standesamt gierendes Mädchen, als diese charmante Piratin der Liebe!

Seien Sie sich niemals sicher! In der Liebe der Wassermann-Frau befindet sich viel Eigenwillen. Auch die Wassermann-Frau könnte es nicht gleich sagen, warum Sie bei ihr »angekommen« sind. Aber wir wollen es Ihnen verraten: weil Sie vielleicht den Mutterwitz und die Satire des Zwilling-Mannes oder die chevalereske Politur des Waage-Mannes besaßen – den beiden Lieblingsmännern der Wassermann-Frau! Vielleicht hatten Sie aber auch die einfühlsame Schläue und seelenstreichelnde Taktik des Krebs-Mannes oder den betriebsamen, unkomplizierten Schwung des Widder-Mannes? In allen Fällen wäre es jener geistige oder seelische Reizstreifen, für den die Wassermann-Frau kein Abschirmgerät besitzt. Und damit kann es dann sogar zur Heirat kommen – auf den zweiten Blick!

Zwei Dinge zeigen sich mit seltener Zuverlässigkeit im Schicksal der Wassermann-Frau: die plötzlichen Umbrüche und unvorhergesehenen Veränderungen sowie die Liebe zum Reisen, zur Freiheit und Unabhängigkeit! Frühzeitig erfährt sie, daß auf dieser Welt nichts wertbeständig ist, am wenigsten die erste große Liebe! Zwar hält sie sich über beträchtliche Zeit, geht dann aber plötzlich in die Brüche.

Auch im ferneren Leben geht so manches in die Brüche. Über diese Trümmer aber scheint dann die milde Sonne der Erfahrung, gemischt aus leiser Skepsis und heiterer Ironie, was den Enttäuschungen häufig den Stachel nimmt. Im Grunde ist die Wassermann-Frau ein friedfertiges Geschöpf, das auch anderen Geschöpfen ihre Weltanschauungen und ihr Recht auf Unfug beläßt, das keinen Hund nach seinem Stammbaum fragt, wenn er nur treue Augen und etwas Seele besitzt! Dieser Gemütsdrall bringt sie im Leben meist auf die richtige Fährte, und sie saugt Freuden selbst aus Dingen, die kein Geld einbringen. Welch ein Glück – denn es hat sich erwiesen, daß ihre Vermögenswerte mehr biblischer Natur sind, von Rost und Motten daher nicht gefressen werden können. Obwohl sie liebend gern ein Häuschen auf der Sonnenseite des Lebens besitzen möchte, wechselt sie doch vielfach von einem Zinsgeier zum nächsten, denn auch die Orts- und Wohnungswechsel gehören zu diesem Zeichen und erst recht natürlich das Reisen und Wandern auf den Straßen der Fernsehnsucht, auf denen so manche Fata Morgana winkt und täuscht! Aber diese Enttäuschungen werden wieder zu Jahresringen voller Zuwachs an Erkenntnissen, schwer erkauft und oft teuer bezahlt. Aber man hätte sie niemals a priori aus zweiter Hand akzeptiert, denn Ratschläge anderer, wenn auch noch so gut gemeint, sind für die Wassermann-Frau schales, abgestandenes Wasser – ohne Wirbel, Gefahr und Abenteuer! Und es gibt keine Wassermann-Frau, die nicht einoder zweimal von der schön asphaltierten und kerzengeraden Hauptstraße ihres Lebens radikal abgekommen wäre! Sie bereut dies in den seltensten Fällen, und das macht sie wiederum liebenswert!

Das Zeichen vernichtet und zerstört Halbheiten und Falschheiten, aber auch jeglichen tierischen Ernst, denn die Wassermann-Frau fädelt das Schicksal nicht nur ein – sie bezahlt auch den Preis dafür! Ihre Waffen im Lebenskampf sind Offenheit, Ehrlichkeit und Freimut. Und ihre Pietätlosigkeit gegenüber Titel und Rangstufen schockiert zeitlebens manch konservatives Gemüt mit Scheuklappen-Sicht.

Die Lieblingsfrauen des Wassermannes (20. Januar bis 18. Februar)

»Im Himmel ist ein Engel nichts Besonderes«, aber auf Erden wird kein Wassermann-Mann ein Heiliger! Wer ihn einmal besitzt, lacht oder leidet mit ihm, denn keine Frau ist mit ihm auf Rosen gebettet, aber auch keine langweilt sich in ihrer Ehe! Manchmal wird freilich eine Ehe zur Freundschaft, seltener eine Freundschaft zur Ehe, aber immer gibt es neben der Ehe noch Freundschaften!

Der Versuch, mit einer Frau auszukommen, ist beim Wassermann-Mann, sobald er verheiratet ist, eine Qual – vor der Ehe aber reine Freundschaft. Er braucht eine Frau, die an sein besseres Ich glaubt und ihn bewundert, aber auch eine Freundin, die ihn diese seelischen Strapazen wieder vergessen macht. Solche Mädchen hat er oft jahrelang, denn freiwillig und unverlangterweise bleibt er treu, ansonsten aber löckt er gegen jeglichen Stachel von Gesetz, Moral oderVorschriften!

Die Lieblingsfrau des Wassermann-Mannes muß eine Frau für alle Tage sein, sozusagen ein strapazierfähiges Mädchen mit gemäßigten Ansprüchen an das Leben,

aber geistigen Höhenwanderungen zugetan und ohne jegliches Sicherungsstreben gleich den Spatzen auf dem Feld. So eine Frau zu bekommen, ist wahrhaft Glücksache und ähnelt einem Volltreffer im Lotto!
Merkwürdig genug: Der Wassermann findet sie! Nach vielen Versuchungen am untauglichen Objekt und unverbindlichen Abenteuern, die ihn niemals ermüden oder abschrecken. Manchmal hat er sich aber auch an seine lebenslängliche Freundin schon so gewöhnt, daß er sie tatsächlich irgendwann einmal heiratet. Aber die »Gefundene« empfindet er niemals als »angetrautes Weib«, sondern sie bleibt seine Freundin, und mit ihr will er philosophieren, fachsimpeln, reisen, die Welt verbessern. Natürlich wird es nie eine Schablonen-Ehe, und es gibt keine Fahrpläne, keine pünktlichen Mittag- und Abendessen und keine »Prinzipien«! Wenn Sie das Leben als permanente Improvisation betrachten, so sind Sie die Seinige auf Gedeih und Verderb! Das aber heißt: von der Hand in den Mund leben können, eine geniale Schlamperei abseits von Zielen, Plänen, Uhren und Beständigkeit als Individualismus zu empfinden! Sie können natürlich auch einmal ein Essen ausfallen lassen – er merkt das gar nicht, denn er lebt in der Welt der Ideen, der Künste, der abseitigen Wissenschaften (inklusive Seele und Jenseits). Er knobelt, erfindet, studiert, bastelt (auch in der Liebe), sieht hinter Menschen und Dinge und manchmal in die Zukunft. Es wird eine Ehe voll herrlichster Abenteuer sein mit viel Neuland, tollen Umbrüchen, Neubeginnen und Weltreisen. Wenn Sie das alles aus- und durchhalten, ohne

Sorgenfalten und weiße Haare zu bekommen, wenn Sie von heute auf morgen Ihre Koffer packen, überall und nirgends zu Hause sein können, an keinem Ding der Welt haften, so sind Sie für eine Wassermann-Ehe prädestiniert und bekommen Ihren Lohn dann im nächsten Leben – vielleicht an der Seite eines ruhigen, verläßlichen Gehaltsbeziehers mit Pensionsberechtigung. In diesem Leben aber wird Ihnen nichts mehr fremd bleiben – ja Sie wissen fürderhin, wie einem Mond zumute sein muß, der lebenslänglich einen Fixstern umkreist als Trabant. Dieser Trabant sind Sie!

Aber im geistigen Windschatten ihres männlichen Fixsterns erleben Sie auch eine ungeahnte Ausweitung Ihres Weltbildes! Denn Wassermann-Männer gehören zum weltoffenen Orden der Originale, der Käuze, der tiefschürfenden Wissenschaftler, aber auch der lockeren Vögel, Spötter und Verächter aller Zwangsjacken! Ob sie als Einzelgänger in fünf Erdteilen reisen oder die Welt in ihre abseitigen Studierstuben zwingen – immer sind sie Mahnmale von Freiheit, von Toleranz, und immer sind sie auf irgendeine Weise Partisanen gegen Vorschriften, Paragraphen und staatlich befohlene Weltanschauungen!

Selten oder nie bevölkern sie Beamten-Silos oder Behördenstuben, und wenn, dann kommen sie eines Tages darin um oder werden degradiert infolge »Subordination«! Natürlich ist nicht jeder Wassermann-Mann ein Usurpator im Geiste, manchmal auch nur ein Sonderling, ein ewig Unzufriedener, Suchender oder ein Mensch, der hartnäckig über seinen Schatten springen möchte. Dennoch – wie sich manchmal im Flußsand ein buntschillernder Kiesel findet, so vereinzelt ragen auch Wassermann-Männer aus dem flutenden Strom des Kollektivs heraus, und sei es nur dadurch, daß sie »Anstoß« oder Kritik erregen oder zu ihrer genormten Umwelt quer liegen.

Solche Individualitäten sind natürlich schwer zur »Raison« zu bringen, und es gibt in der Tat viele Wassermann-Männer, die auf weltlichen oder beruflichen »Kasernenhöfen« statt dem befohlenen »Rechtsum« eben »Linksum« machen oder umgekehrt. Falls wir also dem Kollektivismus als künftiger Lebensform uns nähern sollten, so werden Wassermann-Männer die letzten Felsbrocken sein, die gegen den Strom ankämpfen!

Ob Wassermann-Männer nun für die Ehe geschaffen sind, ist eine Gewissensfrage voller Fußangeln, die nur die Gattinnen eindeutig beantworten könnten. Was diese sagen, weiß man freilich aus manchen Scheidungsprotokollen. Aber da stehen andererseits die Freundinnen der Wassermann-Männer auf und zeugen für sie – leidenschaftlich und voller Beweiskraft, daß es keine treueren Seelen gäbe, daß sie bar aller sozialen Wertungen sind, und daß sie öfter etwas für nichts gaben! Seltsam, daß es gerade die Freundinnen sind, die solche Plädoyers erheben, obwohl sie nie oder nur im letzten Moment geheiratet werden!

Gefühlsüberhang – im Zeichen Fische!

Von den Lieblingsmännern der Fische-Frau (19. Februar bis 20. März)

Dieses anschmiegsame Geschöpf, das jahrelang in erotischer Dämmerung zu leben vermag, wird, wenn wach geküßt, recht munter und liebebedürftig und neigt dann zu jenen heftigen Umgarnungen des ach so selten gefundenen Lieblingsmannes, wie das manchmal auch fleischfressende Pflanzen tun, wenn sich eine schöne fette Fliege in ihren Blütenkelch verirrt.
Auch die Fische-Frau lockt durch verhaltene Abwehr – eine raffinierte Technik, die neugierigen Männern viel Freude macht, ohne zu ahnen, daß die letzte Freude doch der Nixe mit den samtenen Plüschaugen gehört. Wenn alles nichts fruchtet, glänzt in diesen verschleierten, träumerisch blickenden Augensternen auch manchmal eine ebensolche Plüschträne, und es hat sich schon oft bewiesen: Eine Fische-Frau wird erst schön, wenn sie weint!
Lassen Sie es nicht so weit kommen, denn nicht jede Fische-Frau gleicht einer Circe, wenn sie auch viel von diesen Lockvögelchen an sich hat. Sie braucht, weil von passiv-duldender Art, die erobernde Hand eines gutsituierten Mannes! Wenn sie auch in ihrer Jugend gleich

einer Lotosblüte an schwankendem Gemütsstengel über einem Stimmungssumpf blüht, so möchte sie doch einmal im Leben auch aufs Trockene kommen!

Auf eine intuitive Weise schafft sie es auch allemal, und der Eroberte weiß nie so recht, wie ihm geschah. Die Ehe der Fische-Frau ist erfahrungsgemäß nun kein Honigschlecken, aber da sie von vorneherein mit Kompromissen rechnet und über die Taktik der »sanften Gewalt« verfügt, kommt sie in der Regel zu ihrem Existenzminimum an Liebe. Der also Beschenkte erlebt Sonne mit Regen, was zumindest ab und zu einen Regenbogen ergibt!

Ein Lieblingsmann für die Fische-Frau ist nur zeitweise zu finden und verteilt sich manchmal auf mehrere Objekte, denn einer davon enttäuscht immer durch gewisse Ausnützungseffekte – sei es, daß er nur eine billige Köchin suchte oder daß er das weiche Gemüt der Fische-Frau gleich einem ostindischen Teepilz unter Wasser setzte, um sich auslaugenderweise von diesem Gemütssaft zu nähren. Solche Männer bekommt die gute Fische-Frau ein paarmal im Leben vom Schicksal serviert. Entweder sie geht unter oder verwendet die tränenfeuchten Erfahrungen zu Memoiren und Liebesromanen, weil angewandte Lyrik immer noch viel gekauft wird.

Ihr Lieblingsmann sollte also viel Schmelz im Gemüt und ein ahnendes Einfühlungsvermögen besitzen und dennoch ein Mann sein! Wer sich jedoch allzu sicher fühlt, könnte dieses Mädchen aus Velour schon wieder verloren haben. Ein Partner aus dem gleichen Zeichen brächte diese Ehe zum Gähnen oder Platzen, denn er weiß zuviel von diesem seelischen Katz- und Maus-Spiel und gilt daher als befangen. Aber ein Skorpion-Mann verschafft jene haltbare Liebe auf den zweiten Blick, weil er alles Ach und Weh der zwiespältigen Fische-Frau mit Leidenschaft erwürgt. Der Krebs-Mann lebt in gewissem Sinn ebenfalls in subtropischer Gemütslandschaft mit Lianengestrüpp und Orchideen. Er hat es im kleinen Finger, und zu ihm fühlt sich die Fische-Frau manchmal liebend hingezogen, sogar auf den ersten Blick! Wenn Wasser (Fische) und Feuer (Löwe, Widder, Schütze) sich mischen, gibt es Dampf und brauende Nebel wie in den Kratern von Vulkanen. Man sollte die Fische-Frau solch seelenmordenden Strapazen nicht aussetzen, denn sie ist möglicherweise ein gefallener Engel (zu gut für die Erde und zu sündig für den Himmel) und unterwirft sich am liebsten den zwei Gewalten: der verstehenden Sympathie oder der Leidenschaft. Die eine ist Krebs, die andere Skorpion! An den erdhaften Praktikern (Jungfrau, Stier, Steinbock) liebt sie nur das Geld.

Leider verstehen Männer dieses seelenvolle Wesen selten auf Anhieb! Am wenigsten jene Kraftmeier, die Eroberungen nur zur Selbstbestätigung brauchen. Aber es gibt auch Männer, die die Beschaulichkeit lieben und sich gerne ein Aquarium halten. Es hat sich nun erwiesen, daß das Seelenaquarium einer Fische-Frau ganz ähnliche Bastlerfreuden gewährt. Besonders für Züchter mit psychologischen Interessen, die stundenlang Seepferdchen betrachten können. Sie stöbern in den

nachtdunklen Seelenwinkeln ihrer Fische-Frau herum wie in unaufgeräumten Schubladen und werden zwangsläufig zum Seelentröster und Hausfreund.
Sie sind weltfremde Idealisten! Denn die Fische-Frau ist abends unter Kristall-Lüstern verführerische Nixe, echte Eva mit lässig becircenden und lockenden Künsten. Der ihr auf diese Weise unterlag, tat den klassischen Ausspruch: »Halb zog sie ihn, halb sank er hin...« Am Morgen aber sinkt die Fische-Frau wieder zurück in ihre geistigen Reservate oder auch nur in dämmerndes Phlegma.
Trotz aller Herzens- oder Seelen-Pleiten findet man die Fische-Frau in der zweiten Lebenshälfte niemals als armes »Würstchen«. Sie verfügt dann meist schon über Pensionen, Renten, Besitztümer, die sich aus der ersten Heirat ergaben. Seltsam genug: Fast immer sterben ihr die Männer weg, oder sie wird getrennt, geschieden. Gerade vor der Lebensmitte gibt es dann nochmals kräftigen Wirbel in der Liebe, manchmal auch wieder ein Suchen, Tasten, dem aber ganz selten mehr ein echtes Finden folgt! Dieser Sturm des Herzens kann bis zum vierzigsten Lebensjahr andauern. Erst wenn diese Herbstgewitter vorüber sind, kommt sie zu jener inneren Reife, die man als Resignation bezeichnet. Es tut noch eine Weile weh, aber dann vernarben die Wunden, und die »große Einsamkeit« kann beginnen!

Die Lieblingsfrauen des Fische-Mannes (19. Februar bis 20. März)

Des Fische-Mannes geheimstes Sehnen zielt auf einen gesicherten Lebensabend! So liebt er im wahrsten Sinne des Wortes überhaupt nur auf den zweiten Blick! Auffallend häufig wird er von kräftiger weiblicher Hand für die Ehe kurzerhand gechartert (besonders gern von handfesten und reifen Skorpion-Frauen!). So eine Frau mit gereifter Lebenserfahrung (über den ersten oder zweiten geschiedenen oder verstorbenen Gatten) kauft die Katze nicht mehr im Sack, weshalb der Fische-Mann dann später zum Befehlsempfänger herabsinkt. Links, wo das Herz sitzt, hat er eben zuviel Gemüt, und irgendwann muß er, weil jeder Pol nach seinem Gegenpol verlangt, von einem seelisch kräftigeren Mädchen dirigiert werden. Einmal verheiratet, flüchten Fische-Männer dann gerne in den Außendienst oder machen Überstunden. Schon nach dem ersten ehelichen Pflichtjahr sehnen sie sich dann nach Dämmerschoppen und vertraulicher Rücksprache mit Schicksalsgenossen.

Es ist keinesfalls leicht für einen Fische-Mann, zu seiner Lieblingsfrau zu kommen, da er eben nicht planmäßig danach sucht, sondern von den Gelegenheiten am Wege lebt und daher vielfach »gekidnappt« wird.

Evas mit Spürsinn haben es rasch heraus: Fische-Männer können schlecht »nein« sagen. Die jungen Hosenmädchen sind davon nicht so sehr angetan – aber die älteren, reiferen! Sie ahnen es förmlich, was dieser passive

Genüßling so sehr liebt: ein gutes Essen, ein behagliches Wohnen ohne Baukostenzuschuß mit niederer Miete, freundlicher Behandlung, gute Zigarren und vor allem etwas Wein im Keller oder einen alten Kognak. Damit können Sie so manchen Fische-Mann in die eheliche Mausefalle locken, obgleich es auch gewitzte Brüder unter ihnen gibt. Aber jedes vergnügliche Leben kostet seinen Preis. Und was Fische-Männer dafür bezahlen, darüber berichten sie in den seltensten Fällen, weil es immer einem Prestigeverlust gleichkommt. Die zeitweiligen Leidenschaften, die Wünsche, das Phlegma, die gediegenen Ansprüche an ein heiteres Leben, die vielfachen Spekulationsgelüste (»Geld ohne Arbeit«) und eine stille Sehnsucht nach dem gesicherten Hafen (staatliche Stellungen, Pensionen, Renten usw.) rumoren in jedem männlichen Fische-Gemüt. Sorgen und Lebensängste werden unter diesem Zeichen gern im Alkohol verdrängt, weil es zum (vergorenen) Wasserelement gehört!

Sie sollten als Gattin das einsehen: Er kann nichts dafür – es »überkommt« ihn, und dann muß er einen nippeln oder heben. Ob »auswärts« oder zu Hause – das hängt von Ihnen ab. Machen Sie es ihm bequem, trösten, streicheln, stützen Sie ihn! Oder – was ihm am liebsten wäre – unterstützen Sie ihn!

Die Lieblingsfrau hat also an ihm eine Lebensaufgabe, und nur wenige sind solchen Pflichten gewachsen. Die es können, sind aber schon nach kurzer Zeit nicht mehr die Lieblingsfrauen – daher das schwere Eheschicksal unter diesem seelenzerstörenden Zeichen.

Die Materie oder das Geld ist an allem schuld! Was den Fische-Männern aber im Existenziellen nicht gelingt, das schaffen sie mit Phantasie, Plänen, Luftschlössern und hingebungsvollen Spekulationen! Im Geiste kommen sie stets auf die Höhen des Lebens oder in den Zenit des Ruhmes.

So sind Stürze aus allen Wolken oder ein stetes Lavieren am Rande der Notwendigkeiten die Regel! Niemals aber erlischt der konsequente Silberstreifen am Horizont der eigenen Phantasie, der auch die mißlichste Lage noch durch das Warten auf die besseren Zeiten erträglich macht. Wenn unter Fische-Männern harte Arbeiter sind – und es gibt einige darunter! – so haben sie dennoch zu irgendeiner Zeit ihres Lebens einen Umbruch, einen Abstieg von erreichter Höhe, einen Spekulationsverlust oder eine Wende auf ein völlig anderes Geleise ihres Lebens zu vollziehen! Manche ahnen dies intuitiv und gehen rechtzeitig zum Staat oder in einen halbwegs gesicherten Pferch. Sie reiten dann Steckenpferde und häkeln im geheimen großartige Pläne, um die Wunden im Gemüt zu verdecken. Andere wieder wissen sich ein Leben lang gut zu betten – auf Kosten anderer, manchmal der Gattinnen, an deren Hab und Gut sie »teilnehmen«. Die meisten aber schwelgen in Plänen und Vorhaben und werden davon allein schon so müde, daß sie auf die Ausführung verzichten.

Besonders sind sie den flüssigen Lebenströstern zum Anheben des Mutes zugetan, und so mancher Fische-Mann bekommt paradoxerweise erst im Alkohol Boden unter den Füßen.

Die Häuser, die sich der Fische-Mann im Leben erwirbt, sind oft genug Kartenhäuser. Nur was er im letzten Lebensdrittel besitzt, hat er wirklich!
Gelungen ist die Tatsache, daß der Fische-Mann fast immer eine wirklich bessere Hälfte mit in die Ehe bekommt (obwohl einmal im Leben gewöhnlich eine Scheidung droht!). Aber nichts ist umsonst auf dieser Welt: Nun weht ein frischer Wind von dieser besseren Hälfte her, der die zahlreichen Luftballons, Wunschträume und sämtliche Bastel-Ideen kurzerhand aus allen Ecken fegt. Damit hat der Fische-Mann zwar endlich eine Existenz, einen ruhenden Pol und ein warmes Mittagessen, aber er frißt von da ab auch klaglos Dinge in sich hinein, die ihm dann später die Leber-, Galle- oder Verdauungsstörungen bringen!

Anbandeln – von Stern zu Stern

Wie sich jedermann sofort überzeugen kann, ist der Begriff »Anbandeln« in keinem Wörterbuch, keinem Lexikon, ja nicht einmal im »Brockhaus« zu finden! Es handelt sich um grobe Fahrlässigkeit und Ignorierung einer jugendlichen Entwicklungsphase, die von Psychologen, Pädagogen und Biologen taktvoll übersehen und sich selbst überlassen wird. Sprachlich gesehen, besteht die Gefahr, daß dieses »Tätigkeitswort« nördlich des Mains möglicherweise sogar mißverstanden, um nicht zu sagen – mißdeutet wird!
Es handelt sich um ein süddeutsches Präludium der Liebe – eine Art Einleitungsverfahren einer Konversation, oder wissenschaftlich ausgedrückt, um bayuwarische Kontakt-Psychologie!
Sie ist nicht unbedingt an feste »Regeln« gebunden, obgleich sie etwa im bayerischen Oberland gewisse gleichbleibende Bräuche auslöst, zu deren Ausübung in früheren Zeiten eine Leiter und ein Kammerfenster unbedingt nötig waren. Die Requisiten sind mittlerweile in die Dorfbühnen eingezogen, da die erotische Fortentwicklung auf dem Land längst in vollem Gang ist – insbesondere seit der Umwandlung von Kuhställen in Bars und der fremdenverkehrstechnischen Umerziehung über nördliche Urlauber! Art und Ausübung des

Anbandelns hängen in erster Linie mit dem Fundus an geistigen Vitaminen und den sprachschöpferischen Girlanden individueller »Konversation« zusammen. Ohne dieses reizvolle Intermezzo endet jegliche Art von Anbandeln in Ohrfeigen. Sie sind die natürliche Folge von lapidar vorgebrachten Sprachbrocken, die nur »zweckgebundene Annäherung« versuchen. Es gibt nun kein eigentliches Rezept, denn jegliches Anbandeln ist individuell und benötigt außer Mutterwitz auch noch »Einfühlungsgabe« oder den »zündenden Funken«.

Es soll Anbandler geben, bei denen absolute Fehlzündungen auftreten. Sie benötigen dann eine Hilfsperson, die ihnen im entscheidenden Augenblick einen Tritt ins Kreuz verabreichen.

Diese »Kontakt-Psychologie« ist, wie jeder zugeben wird, extrem und gehört zu den Holzhammer-Methoden der Liebe, die nur noch von jenen übertroffen wird, die »mit der Tür ins Haus fallen«.

Es ist selbstverständlich, daß die ungelernten Anbandler von Mädchen und reifen Frauen erst einmal umerzogen werden müssen, was selbst einem modernen Teenager keinen Spaß macht.

Den größten Prozentsatz unglücklicher Anbandler machen natürlich die Gehemmten und Schüchternen aus. Sie erhielten bis heute noch keine Schulung, keine Anweisung, keine Beispiele. Die Anleitungen durch einen modernen Psychotherapeuten (der aber möglicherweise selbst vom Anbandeln nichts versteht!) sind zu teuer für junge Leute, und so griff das zarte Geschlecht zu allen Zeiten zu jenen Hilfsmitteln des »Brückenbauens« – sei es das »verlorene« Taschentuch oder den »sanft errötenden Blick« der Geliebten. In schwereren Fällen mußte besagte Geliebte sogar vorher umfallen. Das sind selbstverständlich historische Methoden und sie gehören in die Antike des Anbandelns.

Wer die erste Lizenz vom Erfinder des Anbandelns erworben hat, ist heute nicht mehr feststellbar. Man muß in prähistorische Zeitläufe zurückgehen, und es ist nun kaum zu fassen, daß die erste menschliche Beschäftigung zu Beginn der Schöpfungsgeschichte tatsächlich im Anbandeln bestand!

Als sich zu Adam im Paradies Eva hinzuläpperte, begann es: Eva stand unter einem Apfelbaum. Da trödelte Adam vorbei – absichtslos und ohne jede Neugier, wie eben Männer harmlos und unerfahren sind! Und was geschah nach historischer Schilderung? Sie pflückte einen Apfel, putzte ihn mit den Locken auf Hochglanz und streckte ihn Adam entgegen, was übrigens heute noch immer vorkommt.

Kein Mann ist so unhöflich und geht fürbaß, wenn man ihn lockt! Adam lächelte freundlich und biß hinein (was heute ebenfalls noch immer passiert). Dies war das erste und prähistorische Anbandeln! Aber im Apfel war ein Wurm – das Symbol für so manche Ehe von heute.

Natürlich wäre es in diesem Zweimann-Paradies irgendwann einmal zwangsläufig zum Anbandeln gekommen. Aber hier kommt es uns auf den Präzedenzfall an – nämlich des ersten Lockens und Girrens! Männer sind zunächst absolut gutmütig und stets überzeugt, daß sie sie es sind, die anbandeln. Wer aber wen heiratet, steht längst fest.

Bei der progressiven Zunahme der Menschheit bis zur ersten Sintflut hat dann ein ungeheures Anbandeln begonnen – kreuz und quer durch die Rassen und Völker –, und selbst ein sehr pingelinger Historiker wird zugeben müssen, daß von Anfang an keinerlei System, keine Ordnung, keinerlei soziologische Lektionen oder Volkshochschulkurse im Anbandeln bestanden.

Gewiß – es gab Blüteperioden des Anbandelns mit erstaunlich vornehmem Zeremoniell und höfischen Sitten, aber auch völlige Verfallperioden, in denen der Angebandelte sogar sein Leben lassen mußte.

Auf den Nullpunkt fiel die Kunst des Anbandelns, als es infolge sprachlicher, geistiger oder seelischer Mängel oder auch wegen Kaugummi am Gebiß nur noch zu einem lapidaren Anbandelsatz reichte, wie »Hällou Baby, Candy, Blondy!« Die seelischen Werte wurden damals durch Schokolade oder eine Stange Zigaretten ersetzt. Es hat sich wieder etwas gebessert, wenn auch die einstigen geistigen Anstrengungen über ein Bonmot oder ein Aperçu heute durch die Schallplatte ersetzt werden.

Im ganzen ist charmantes, geistsprühendes Anbandeln in Verfall gekommen, da der heutige Mensch zwar in die Länge wächst, dadurch aber zu müde bzw. zu faul zum Reden wird. Die Geschlechter »nähern« sich heute beim Sport, indem etwa auf einer Ski-Piste einer dem anderen ins Kreuz fährt, was eine sofortige Bekanntschaft zur Folge hat. Oder aber die Synkopen moderner

Tanzakrobatik zwingen die Köpfe zum Wackeln und die Beine zum Zittern, was eine Unterhaltung ausschließt.

Ausgezeichnetes Format in dieser delikaten Kunst illegaler Kontaktaufnahme bewiesen eine ganze Reihe von Ober- und Chef-Anbandlern der Weltgeschichte. Sie hätten es meist gar nicht nötigt gehabt, denn sie waren oft ausgezeichnet verheiratet, wie etwa Odysseus!

Man weiß aus Homers Erzählungen, daß er ein überaus treues Eheweib besaß: Penelope. Sie salbte ihn täglich nach dem Bad, putzte Helm, Beinschienen und Brustpanzer dreimal in der Woche mit Sidol und kredenzte ihm abends schweren schwarzen Wein aus Ithaka, denn er war ein König und konnte seinen täglichen Dämmerschoppen verlangen.

Aber wie es halt so geht – wenn der Mensch gut verpflegt wird, ein treues Eheweib besitzt und auch sonst keine Sorgen hat – er kommt auf dumme Gedanken.

Odysseus hätte ein wirklich gemütliches und genußvolles Leben bei Penelope (eine Steinbockfrau) haben können, aber sie war ihm zu hausbacken und ihn dürstete nach den Abenteuern der Liebe – genauer gesagt: Er hatte schon jahrelang nicht mehr angebandelt, mangels Gelegenheiten.

Da schrieb dann Odysseus eines Tages mit Kienfakkelruß auf den Rand des »Generalanzeigers von Ithaka«: »Bin beim Fischen – komme bald wieder!«

Nicht daß Odysseus gelogen hätte – er dachte wirklich, daß drei Wochen genügen könnten für eine ferne Insel, aber er wußte ja nicht, was ihm noch blüht!

So zog er denn los auf der königlichen Barke mit roten Segeln und vier Fässern Wein, einem alten Zechkumpan aus früheren Schlachten, den es auch schon längst juckte, und etwas Geschmeide aus der königlichen Schatulle – für alle Fälle, denn Perlen und Gold widerstand auch damals schon kein Weib.

Seine Gier nach Anbandeln war so groß, daß er der Stürme kaum achtete, die Poseidon ihm schickte, weil er eine alte Rechnung mit dem Kämpen von Ithaka zu begleichen hatte.

Prompt ging denn auch die Luxus-Barke unter und Odysseus stand nach achttägigem Wellenreiten vor einer Grotte! Er hatte sich das erste Abenteuer anders vorgestellt, denn mit Muscheln, Tang und Seegras bekränzt, trat er in eine der Grotten, die damals fast stets mit Nymphen, Sylphiden, Elfen oder minderen Halbgöttinnen besetzt waren.

Hinten aus der Grotte schimmerte es wie von fahler Neonbeleuchtung. Es waren die azurblauen Schuppen der Nymphe Kalypso – eine der zweihundertfünfzig Freundinnen von Poseidon!

Und nun tat Odysseus, wonach es ihn schon immer verlangte: Er bandelte an! Obwohl er seltsam genug aussah – grün im Gesicht wie eine gut erhaltene Wasserleiche, voller Seegras und ohne Zahnbürste und Pyjama. Aber die Nymphe war diese urige Toilette schon von Poseidon her gewöhnt, der alle vierzehn Tage einmal in der Grotte einkehrte. Das Anbandeln hatte, wie man aus der Geschichte weiß, vollsten Erfolg! Kalypso bewirtete ihren Gast sofort mit Ambrosia und Nektar, denn sie gehörte ja selbst den Unsterblichen an im Olymp, obwohl sie nur eine mittlere Meeresgöttin war. Odysseus dachte freilich in diesem Augenblick an eine saftige Schweinskeule aus Penelopens Sonntagsküche, aber die Nymphe bandelte nun ihrerseits so heftig an, daß Odysseus beinahe die Sinne schwanden -- er war so eine Art illegaler Show nicht mehr gewöhnt. Aber dann erwachte in ihm der alte Held und Abenteurer wieder und er blieb – auch das ist historisch nachgewiesen – sieben Jahre bei Kalypso! Er hätte gerne, nachdem er Blut gerochen, weiterhin angebandelt, aber die Nymphe, froh darüber, daß sie einmal einen irdischen König zum Freund bekommen hatte, ließ ihn nicht fort. Es war beinahe schon wieder wie bei Penelope! Da haute Odysseus eines Tages mit der Faust auf den Korallenthron der Nymphe und sagte die denkwürdigen Worte – von Homer überliefert: »Ich hab es getragen sieben Jahr, und ich kann es nun tragen nicht mehr!«

Heute hört ein Scheidungsanwalt solche Aussprüche jeden Tag. Aber für die Nymphe – man denke, sie war eine Göttin – war das ein Schlag, der sie bis in die letzten Schuppen erzittern ließ.

Und jetzt zeigte sich, was den echten geborenen Anbandler beweist: Odysseus konnte auch wieder Schluß machen, denn es gab noch viele Inseln, viele Grotten, und in jeder saß eine Nymphe! Abgesehen von den fremden Königstöchtern auf den Inseln selbst! Unter uns gesagt: Es war die fade Götterspeise, dieses ewige Ambrosia und der süßlich schmeckende Nektar! Rann doch der Wein aus Ithaka wie Höllenfeuer durch das

Blut. Und was Penelope betraf – na ja, nach sieben Jahren fand schon mancher Mann seine geschiedene Erste wieder ganz passabel, gemessen an der zweiten oder dritten!

Odysseus segelte also von hinnen nach dannen, nachdem er sich wieder eine Barke gemietet hatte. Kalypso weinte ihre schönsten Tränen, die am Boden der Grotte sofort zu Perlen erstarrten. Aber Poseidon, den dieses Techtelmechtel mit seiner Nymphe ergrimmt hatte, wühlte das Meer auf und riß Odysseus Barke vom Ufer. Fünfzig Seemeilen hinter Kalypso kam eine Meerenge in Sicht. Auf den Felsen aber lagerten die schönsten und attraktivsten Sexbomben, berühmt in ganz Griechenland: Die Sirenen (sie waren Widdermädchen!).

Odysseus, der schon wieder einen unwiderstehlichen Drang zum Anbandeln verspürte, aber schon genug von den Opfern der Sirenen gehört hatte, ließ sich im letzten Augenblick vom Steuermann an den Mast binden, schloß die Augen und stammelte ein Stoßgebet zu den Göttern. Durch diesen Widerstand ging er als Held in die Geschichte ein, denn es ist leichter, eine Schlacht zu schlagen, als einer Sirene zu widerstehen!

Es bleibt nur noch zu berichten, daß die Nymphe Kalypso vor Gram und Sehnsucht nach ihrem König ihre schönsten Schuppen verlor, so daß sie eines Tages kurzerhand auf den Wellen gen Ithaka ritt!

Es war aber nicht mehr so wie einst. Man weiß, daß mancher reuig in den Hafen der Ehe zurückkehrender Sünder seine früheren Geliebten nicht mehr gerne sieht! Die Lust am Anbandeln war ihm vergangen, lediglich

Kalypso juckte es gewaltig, aber Penelope schnitt die Nymphe, rümpfte die Nase, und das Volk von Ithaka nahm sogar Anstoß an dem unmoralischen Aufzug dieser Unterwasser-Sexbombe. Eine Göttin, die sich mit Sterblichen abgibt, wird eben selbst zur Sünderin, und so sprang Kalypso kurzerhand kopfüber in die Wellen – hinab zu Poseidon, dem Nymphen-Anbandler in sieben Meeren!
Wir haben diese königliche Anbandel-Geschichte klassischer Art so dargestellt, wie sie wirklich war. Homer mußte sie nämlich entschärfen, da sie später in die lateinischen Unterrichtsstunden aufgenommen wurde. Für Lehrer und Philologen wäre sie in der klassischen Fassung nicht tragbar gewesen!
In einer Enzyklopädie des Anbandelns wäre es unverzeihlich, jene historischen Opfer des Anbandelns zu vergessen, die auf höheren Befehl kurzfristig geliebt wurden. Eine ganze Galerie nuklearer weiblicher Sexbomben aus hochherrschaftlichen Kreisen tut sich auf, und manche davon hatten eine gewisse Ähnlichkeit mit weiblichen Kreuzspinnen, die ihre eigenen Männchen auffressen! Ob diese Gebräuche heute im Niedergang höfischer Sitten schon ganz vorbei sind, kann nicht mit Sicherheit gesagt werden, zumindest winkt nach dem Anbandeln nicht mehr der Tod!
Aus historischen Biographien geht hervor, daß die auf höheren Befehl hin Angebandelten ganze Verlustlisten füllen würden, denn es war nicht immer ein reines Vergnügen, von allerhöchsten Herrschaften zur Liebe befohlen zu werden!

Den gewaltigsten Ruf in dieser Hinsicht erwarb sich die Zarin Katharina II., die »Große« (im Anbandeln!). Im weiten russischen Reich und auch noch über diese Grenzen hinaus haben ganze Regimenter von Angebandelten mit dieser illustren Dame Bekanntschaft gemacht. Sie hatte an dieser Beschäftigung ein unersättliches Vergnügen, denn nicht nur Tamboure, Korporale, Leutnants, auch die ganze Palastwache sowie Gesandte, Kuriere und Hofbedienstete wurden von ihr kurzerhand zum Anbandeln befohlen! Einige wurden befördert, andere verloren ihren Kopf. Die Zarin zu »bewachen«, galt als ein gefährlicher Posten, denn er schloß vielseitige Pflichten in sich ein.
Eine überaus männliche und mitunter ebenso gefürchtete Anbandlerin war die autoritäre Königin Christine von Schweden, die in diesen Belangen kurzen Prozeß machte. Einige Angebandelte fühlten sich später angekettet!
Hervorragenden Ruf erwarb sich auch die berühmte Margarete von Maultasch, die von ihrem Tiroler Schloß aus weithin in die Lande anbandelte. Sie hatte sogar ihre Kuriere, und es konnte sich bei ihr nur um eine Widderdame handeln.
Von Lucrezia Borgia weiß man, daß sie das »Diesseits« und den emsig durchlebten und genossenen Augenblick im Sinne aktiven Anbandelns mehr als alles schätzte, obwohl sie die meisten gleich wieder ins Jenseits beförderte. Ihre Liebesbande waren weder zart noch dankbar, denn sie arbeitete immer gleich mit dem Schirlingsbecher. Heute wäre die Dame vielleicht eine

approbierte Apothekerin – damals starben die Angebandelten an Gift.
Cleopatra war eine weibliche Sirene von ausgereifter Anbandel-Begabung. Sie umgarnte gleich den Richtigen, nämlich Cäsar, hatte aber nebenbei noch recht ergiebige ägyptische Anbandelaffären! Nicht genug mit Cäsar, versuchte sie es aus purem Größenwahn auch noch mit dem Sonnengott Re. Nur mit den Eunuchen hatte sie kein Glück, denn diese waren des Anbandelns entfremdet. Als sie Cäsar überdrüssig wurde, verführte sie Marcus Antonius. Schließlich machte Octavianus ihrem Treiben ein Ende, und so bandelte sie als letztes mit der Schlange an. Im Jenseits traf sie alle wieder. Da sie aber nur mehr Kopf und Flügel besaß, konnte sie ihrer irdischen Lieblingsbeschäftigung nicht mehr frönen!
Die königlichen Anbandlerinnen nehmen fast kein Ende! Eine Dame von ganz besonderem Format auf diesem Gebiet war Lola Montez, die in Schottland zu wenig Gelegenheit zum Anbandeln besaß, weshalb sie kurzerhand nach München reiste, wo sie über intensive Anbandelkünste mit dem Bayernkönig sofort zur Hofdame avancierte, später aber von den Münchnern, die für ausländische Anbandelgeschichten ihres Königs kein Verständnis hatten, wieder hinausgeworfen wurde – ein tragischer Fall! Ausgesprochene Musterbeispiele gehobenen, ja veredelten Anbandelns wurden von den französischen Marquisen geliefert. Allen voran hatte die Marquise von Pompadour das Abitur im Anbandeln. Sie kostete Ludwig XIV. allerhand Preziosen,

darunter das berühmte Perlenhalsband – ein königliches Honorar!
Die Marquise von Montespan teilte sich hinsichtlich Anbandeln mit der Pompadour in den König, schenkte ihm aber als Ersatz für die Spesen wenigstens sieben Kinder, was ja auch ein ganz schöner Beweis für erfolgreiches Anbandeln ist!
Die dritte im Bunde war die Marquise von Maintenon. Gewalttätiger als die anderen, ekelte sie die Konkurrenz hinaus und heiratete ganz einfach den größten französischen Anbandler aller Zeiten: Ludwig XIV.! Von da ab war es aus mit – weiteren Marquisen.
Man muß schon sagen, daß die Kunst des Anbandelns in Frankreich seine höchste und reifste Form erreichte, denn die Mätressen waren damals staatlich genehmigte, sozial anerkannte und vom Volk respektierte Anbandel-Damen, was es später nie wieder gab.
Könige, Königinnen und Königstöchter haben es heute unsagbar schwer, da sie jegliche Art von Anbandeln sofort in die Illustrierten bringt, die ja eigentlich davon leben! Manchmal erhalten sie allerdings dafür auch Exklusiv-Honorare! Keine »Lex Soraya« kann verhindern, daß man großzügiges Anbandeln heute als »la dolce vita« bezeichnet, was natürlich nur den Neid jener ausdrückt, die noch arbeiten müssen, während sie doch für ihr Leben gern Anbandeln als Hauptberuf ausüben würden! Von kaiserlichen »Gewalt-Anbandlern« möchten wir nur noch einen erwähnen, da er unbedingt an oberster Stelle rangiert: Iwan IV., der »Schreckliche«! Nicht wenige Hofdamen gaben kurz

nach dem Anbandeln ihr junges Leben auf. Sie hatten nur noch Leidensgenossinnen bei nah- und fernöstlichen Sultans, Scheichs und Kalifen, die den exklusiven »Anbandel-Käfig« erfanden – den Harem! Obwohl sich diese Beschäftigung hier nahezu erübrigte, mußte doch etwas getan werden, um aus der Konkurrenz zur Lieblingsfrau aufzusteigen: Der Bauchtanz.
Kein türkischer oder asiatischer Teenager freilich würde heute noch einen Nabel bewegen für einen feisten orientalischen Anbandler – ein Zeichen, wie sehr die Zeiten im Niedergang begriffen sind!
Es gibt nur noch rudimentäre Reste und eine letzte Erinnerung an die großen historischen Zeiten, in denen man von Königinnen zum Anbandeln befohlen wurde, – die Damenwahl! Man kann sie aber auch schon als Übergang zum matriarchalischen Zeitalter werten, das die Gleichberechtigung im Anbandeln bringen wird!
Jedermann kann es bestätigen: Die Zeiten sind nüchtern geworden! Man fragt heute fünf Minuten nach dem Anbandeln nicht mehr nach dem Vornamen der Angebetenen, sondern ob sie ein Stier, ein Fisch oder eine Jungfrau sei. Dabei erntet man weder erstaunte Blicke noch Überraschung, sondern erhält prompt und wie aus der Pistole geschossen die Antwort, daß man ein Löwe sei. Natürlich darf man auch dies nicht immer als bare Münze nehmen, denn wiederum leben wir auch in einer Zeit der Propaganda, der Werbung und der public relations! Es gibt viel niederes Sternengetier wie zahme Krebse oder bissige Skorpione, die sich als feudale Wappentiere wie Löwen ausgeben! Es ist kaum zu

glauben, aber es wird heute schon mit Sternen geschwindelt und viel später kommt man dann endgültig zur Erkenntnis, daß man keinen Stern, sondern eine Rakete erwischt hat! Wer schon zum drittenmal beim Scheidungsanwalt gelandet ist, dem ist bereits jeglicher Stern schnurz, und er blickt nur noch auf einen soliden Hausstock mit Rückgebäude und einer sozial arrivierten Witwe darin! Die »Onkel-Ehen« beweisen es.
Die Sternzeichen sind heute in aller Munde und in allen Illustrierten, so daß man nahezu »abgestempelt« ist. Wer seinen Stern dennoch offen auf den Tisch knallt, ist ein Mensch, mit dem man zweifellos anbandeln kann! Man muß nun freilich zugeben, daß es den prominenten Anbandlern früherer Epochen wie etwa Casanova, Boccaccio, Don Juan völlig wurst war, in welchem Zeichen die jeweilig Geliebte geboren war. Sie sahen mehr auf Kurven und irdisches Vergnügen. Daß sie trotzdem so viele Anbandel-Erfolge aufzuweisen hatten, liegt darin, daß man damals noch wirklich Zeit und Lust zum Anbandeln hatte. In hohen und höchsten Kreisen wurde diese Tätigkeit sogar hauptberuflich ausgeübt. Heute, wo man seine acht Stunden im Büro absitzt und die schönste Zeit seines Lebens mit der Arbeit versäumt, kann man sich das nicht mehr leisten. Man möchte so schnell wie möglich zu seinem »passenden« Partner kommen und jegliche Scheidungsspesen möglichst vermeiden. Auch kauft heute weder ein Teen noch ein Twen die Katze im Sack! Anbandeln ist also heute nur mehr eine zweckbedingte Tätigkeit, und es gibt schon Leute, denen es nicht einmal mehr Spaß

macht – sie lassen andere, Heiratsbüros und Vermittler, für sich anbandeln – sozusagen »das Letzte«!
Beinahe müßte man da eine Lanze brechen für jene Gewohnheitsanbandler, die in dieser Tätigkeit weitermachen, obgleich sie schon eine oder einen haben! Aber man darf dies nicht öffentlich gutheißen, denn diese Art Anbandeln gehört schon zu den schwereren Sünden, was aber wieder von den Scheidungsspezialisten frenetisch begrüßt wird, da es ihnen die Honorare einbringt.
Wie dem auch sei – wir möchten auf diese »nicht mehr ungewöhnliche Weise« angehenden Anbandel-Volontären weiblichen wie männlichen Geschlechts gewisse Tips in die Hand geben, wie man mit IHM oder IHR auf die beste, rationellste und wissenschaftlich fundierteste Weise anbandelt!

Rasant und ohne Hemmungen

Wie bandle ich mit der Widder-Frau an?
(21. März bis 20. April)

Es wird Ihnen eine frenetische Freude machen, daß Sie hier so gut wie gar nichts zu tun haben – diese Frau bandelt selber an! Genauer gesagt – sie hat das Anbandeln erfunden, denn ihre Vorgängerin war die first lady im Paradies: Eva! Die Widder-Mädchen von heute tragen den Virus des Anbandelns schon im Blut und keine Schluckimpfung hilft dagegen. Die Widderfrau hat eine temperamentvolle Venus im Horoskop, die gar nicht so lange warten kann, bis ihr einmal der »Richtige« über den grünen Weg läuft (der dann des öfteren doch der Falsche ist). Sie greift ganz einfach zur Selbsthilfe und bandelt an, wo immer es geht: Im Büro, beim Tanzen, bei der Damenwahl (die sie erfunden hat), beim Sport und wann immer sich eine Chance hierzu bietet. Es gibt ja auch heute noch Männer, die nicht genau wissen, worauf es ankommt – die Widderfrau zeigt es ihnen! Das Ganze resultiert aus der Tatsache, daß die Widderfrau genau in jenem Monat geboren wurde, in dem der Frühling ausbricht! Zwar leidet er noch an Rückfällen in handfeste Graupel-Methoden, aber teilweise beginnt er schon zu streicheln mit Schlüsselblumen, lockt mit

Lerchensong und jeglichem Aufwind an Frühlingsgefühlen!
Für Leute, die in der Liebe ein handfestes »Streicheln« bevorzugen, ist die Widderfrau goldrichtig. Sie hat sich den Zeiten angepaßt und sitzt heute nicht mehr auf Felsen wie die seinerzeitigen Sirenen (die auch im Widder geboren waren!), sondern im Sportkabrio. Da es natürlich auch Männer gibt, die filzig, dämlich oder bedürfnislos sind, müssen Widder-Mädchen heute verlocken bzw. locken. Jede Amsel macht das auch, und man soll nicht gleich schlecht reden von ihr! Möglich, daß sie hinsichtlich Betörung auch einmal zur Schnulze greift: »Laß mich bitte nicht allein!« Die Geschichte der großen Männer-Verzehrerinnen wäre eine Geschichte über die Widderfrau! Die Männer von heute sind allerdings nicht mehr so wie früher – sie leiden an Herzinfarkt, benötigen Ginsengwurzeln oder Bienenköniginnen-Hormon. Von den Widderfrauen werden sie konsumiert und wissen dann, warum es im Frühling zuweilen auch graupelt!
Manche Männer hätten so gerne etwas Schmiegsames, Biegsames, ein »scheues Reh«, denn sie möchten streicheln, trösten oder auch den Tyrannen spielen.
Nicht zu machen mit einer Widderfrau!
Sie haben eine Jazz-Trompete, ein Schlagzeug oder eine lady-killerin geheiratet bzw. angebandelt! Ein mutiges Wesen mit Eroberer-Instinkten, eine Geschäftsfrau oder Unternehmerin, bei der die Männer zu Chef-Sekretären schrumpfen. Nur das eine wäre sympathisch: Eine Widderfrau ernährt ganze Familien, den Mann in-

klusive! Natürlich werden solche Ehen – wie könnte es anders sein – eine Ko-Existenz.
Wer mit diesen »Mars-Mädchen« anbandelt, wundert sich künftig über nichts mehr. Ihr ist nämlich nichts mehr hinzuzufügen oder wegzunehmen. Wen sie liebt, dem sagt sie es unaufgefordert – wen sie satt hat, noch viel mehr! Männer werden hier teils gestreichelt, teils gekratzt.
Was die Sterne betrifft, so schnitzt sie sich ihr Horoskop selber, und selbst »unpassende« Partner werden von ihr noch umgarniert. Es gibt keine Widderfrau, die jemals unterging – aber es gibt viele angebandelte Männer, die leicht beschädigt von hinnen gehen!

Mit Temperament!

Wie bandle ich mit dem Widder-Mann an?
(21. März bis 20. April)

Daß man mit einem Widdermann anbandeln müßte, hat man noch nie und nirgends gehört, denn Widder gehört zu jenen anbandelnden Zeichen, die so gut wie nichts erwarten können! Die Widdermänner sind in Wahrheit Graupelprodukte. Ihr geheimes Abzeichen ist die Rakete, und die bürgerliche Abschußbasis bei der Geburt ist völlig egal, denn der Drang nach oben ist unwiderstehlich, weshalb sie auch stets die sozialen Bezirke des Schaltens und Waltens anpeilen.

Zarten Mädchen müssen wir gestehen, daß dieses männliche Wesen beim Anbandeln ein tolles Tempo vorlegt, denn seine Devise lautet: Kam, sah und siegte! Sämtliche früheren Konquistadoren samt den Blitzsiegern in der Liebe waren Widdermänner. Unter uns gesagt: Es gibt viele Frauen, die sich nach so etwas sehnen! Aber – und das ist das zweite Geständnis: Wer gerne siegt, wird niemals ein Befehlsempfänger. Und so wird auch ein Widdermann nach erfolgter Heirat sehr bald etwas »autoritär«. Man sagt dann: Er sei in ihr junges Leben »getreten«. Sie müssen verstehen: Es liegt im Wesen einer Rakete, daß sie »Wirbel« macht. Sie hat keine Zeit zum Überlegen, zum Ruhen oder zu beschaulichen Spaziergängen im eigenen Inneren. Sie muß rasen, fliegen, zischen, knallen. Natürlich gibt es auch einige »ruhigere« Widdermänner, aber auch ihnen muß man öfters nachwinken, denn sie gehen fast immer wieder, reisen, fahren, fliegen! Auch kommen gelegentliche Stichflammen mit Freundinnen vor, denn in der Liebe durchbricht ein Widdermann des öfteren die Schallmauer und dann kracht es – mit Gattinnen oder anderen Freundinnen. Alles das berauscht, belebt, erfrischt! Der geistige Tod eines Widdermannes wäre die Pension, die Ruhe, der Stammtisch, das Altersheim! Sie haben keineswegs mehr in allem Recht und können auch nicht mehr so, wie sie möchten! Die Widder-Ehe gleicht einem Musical, in dem manchmal auch hot Jazz gespielt wird. Mit der Einfühlungsgabe in Ihr hochherrschaftliches Seelen-Boudoir hapert es natürlich sehr, denn Selbstbehauptung und Ich-Durchsetzung gehören zu den geistigen Verzierungen eines Widdermannes. Vielleicht hatten Sie bislang Glück und fanden nachgiebige Männer. Jetzt gelangen Sie in die Läuterungsperioden und wissen, daß die Sterne manchmal eben doch zwingen.

Die Anbandeleien eines Widdermannes sind so etwas wie Stoßtruppunternehmen, gehen immer mit gewaltigem Elan vor sich. Leider gehen sie auch manchmal wieder vorzeitig in die Brüche, denn allemal taucht am Horizont schon wieder ein neuer (weiblicher) Stern auf, der ebenfalls verlockt. Unterm Widder benötigt man viel »Selbstbestätigung«, und das Wissen, daß man ein »toller Kerl« ist, muß immer wieder Beweise erbringen! Man könnte sich hier viele Versuche an untauglichen Objekten ersparen, wenn man gleich richtig anbandelt: Nämlich mit der Löwe- und Schützefrau, evtl. auch noch mit den Zwillingen und den Wassermann-Mädchen! Das gilt übrigens auch umgekehrt (für die Widder-Damen!). Die größten Enttäuschungen bleiben einem dann erspart, wenn man weiß, daß der »Drang zum Anbandeln« gerade unterm Widder unwiderstehlich ist. Schuld daran ist der leidenschaftlichste Stern am Himmel: Der Mars!

Höflich, aber mit Gefühl!

Wie bandle ich mit der Stier-Frau an?
(21. April bis 20. Mai)

Zwar liebt die Stierfrau das Anbandeln sehr – aber nicht mit jedem! Sie ist das vollendetste Sozialprodukt des Mai – ein Frühlingsgeschöpf wie das Maiglöckchen: Apart, attraktiv und voll reizvoller Accessoires. Wie das Maiglöckchen braucht sie nicht zu läuten – man findet sie ganz von selbst. Anbandler, die sich mit der Stierfrau befassen, sollten selber im Herzen etwas Frühling haben und wissen, was eine komplette Lenzausstattung kostet, denn dieses Mädchen hat Geschmack und weiß zudem ganz genau, was es will. Wir dürfen Ihnen verraten, was sie will: Sicherheit, einen geschmackvollen Bungalow, aparte Möbel, schöne Kleider, etwas Schmuck (aber echten) und viel Liebe – last not least – auch noch Geld!

Sagen Sie nicht, das sei etwas viel verlangt, denn Schönheit verkauft sich gut und eine Stierfrau hat meist sehr hübsche Sachen! Das Geld braucht sie übrigens nicht absolut zum Ausgeben – sie will auch sparen und möchte sich nicht nur am Wachsen der Blumen, sondern auch an einem Bankkonto erfreuen. Von den Sternen, die am Himmel wandern, hält eine Stierfrau nicht

sehr viel – sie sucht sich ihren Stern selber – auf Erden, denn der Himmel mag ja schön sein, aber die Stierfrau will etwas sehen und haben – das aber sofort!
Mit einer Stierfrau anzubandeln erfordert etwas Kinderstube, Geschmack, auch Zurückhaltung (allerdings nicht monatelang!) und vor allem Taktgefühl, denn sie nimmt leicht etwas übel, das meiste übrigens auch gleich ernst, davon aber die Liebe sogar todernst. Gewerbsmäßige Anbandler holen sich bei der Stierfrau arge Enttäuschungen bis Ernüchterungen. Zwar ist dieses liebe Geschöpf von der Liebe zeitlebens begeistert (sie wäre ja nicht im Wonnemonat geboren, wenn sie der »Wonnen« entsagen könnte!), aber sie will handfeste Beweise und materielle Sicherheit. Wer also seriös und zielbewußt, mit Gewissenserforschung und ausschließlicher Beschäftigung mit dieser Dame anbandelt, der weiß später, daß er eine Feinschmeckerin geheiratet hat (auch in der Liebe!), die noch dazu gerne kocht. Charme und Sauberkeit sind Attribute des Zeichens Stier. Anbandeln hin oder her, es führt ganz zwangsläufig zur Heirat, und Stierfrauen wissen sich schon zu betten!
Wer dann einmal mit ihr verheiratet ist, weiß, warum das Zeichen Stier mit Geld zu tun hat. Männer, die etwas Apartes suchen, finden hier ihren Lastenausgleich. Wenn eine Stierfrau einmal »entflammt« ist, kann man sie nicht mehr löschen! Die Herzensbrände unter diesem Zeichen sind allbekannt, und daher sollte man sich das Anbandeln mit dieser Dame reichlich überlegen – es hat immer Folgen! Die unangenehmsten Folgen erleben

allerdings jene Brandstifter, die an Frauenherzen herumzündeln und sich neben ihrer Stierfrau noch eine oder zwei Freundinnen leisten wollen. Wir sind gewiß – die Entdeckung naht, und von da ab könnten Sie eher einen Berg versetzen, als daß Ihnen die Stierfrau noch einmal glaubt. »Überwachung«, die bis in die Brieftasche, die Hosentaschen, die Schreibtisch-Schubladen und das Büro reicht. Man vergißt so etwas nie mehr und denkt dann nur noch sehnsüchtig zurück an einstige Anbandelzeiten. Aber dafür weiß man, was man an der Stierfrau hat! Sie ist eine Parallele zu dem Sprichwort: »Nur einmal blüht im Jahr der Mai!«

Vorsicht, denn man kann ihn nicht umtauschen!

Wie bandle ich mit dem Stier-Mann an?
(21. *April bis* 20. *Mai)*

Was den Stiermann betrifft, so bandelt er selber öfters an, aber einmal erwischt es ihn, und dann kennt er sich selber nicht mehr. Mädchen aber, die ihrerseits einen Stiermann »finden«, werden ihn so gut wie nicht mehr los. Man sollte daher äußerst vorsichtig sein, denn einmal auf jener Fährte, die seinen geheimen Wünschen, Zielen, Sehnsüchten oder gar der Liebe entspricht, bringt ihn kein Erdbeben mehr von der Geliebten ab! Man nennt das schlicht: Hartnäckigkeit. Gnade Gott jenem Mädchen, das sich der Stiermann einbildet! Ob ihr Versteck in einem Bunker, im Eisschrank oder im Urwald liegt – der Stiermann findet sie!

Daß man Stiere bei den Hörnern packen soll, mag für die Arena gelten – in der Ehe mit ihm wäre dieses Vorhaben glatter Selbstmord. Er ist in ehelichen Auseinandersetzungen ein Widerstandskämpfer ersten Ranges. Ihm selber Hörner aufzusetzen ist ganz unwahrscheinlich – er kommt hinter alles und wenn es zehn Jahre dauert.

Um die Leidenschaften eines Stiermannes richtig einzuschätzen, dürfen Sie ihn ruhig mit einem Atomreaktor vergleichen: Selten platzt einer – wenn aber, dann ist meilenweit alles verwüstet! Zunächst kann man mit ihm genußvoll anbandeln, denn er ist ein heiterer Alleinunterhalter und liebt die Genüsse, das gute Essen und Trinken, mit Vehemenz aber die Liebe! Er braucht Ihnen das nicht zu sagen, und die wenigsten Stiermänner machen eine Liebeserklärung oder hätten so etwas nötig – man merkt es gleich auf Anhieb, wenn sie zu »glühen« beginnen. Man kann ihn sogar eine Zeitlang schlecht behandeln, denn er ist groß im nehmen und kann unvorstellbar lang leiden, ohne zu platzen. Wenn aber dieser kritische Zeitpunkt kommt, dann sollte man rechtzeitig flüchten!

Es soll manche Evas geben, die sich eine »ganz große Liebe« wünschen. Die Psychotherapeuten sind des öfteren beschäftigt mit neurotischen Männern, deren Frauen häufig Klagen führen über so manche Dinge der Liebe. Bei diesen Klienten ist niemals ein Stiermann zu finden! Es gibt daher auch keine Frau, die über ihren Stiermann klagt – es sei denn, daß sie ihn nicht mehr umtauschen kann.

Frauen, die ihrerseits mit Wonne anbandeln (solche gibt es nicht wenige!), möchten wir rechtzeitig warnen: Hier sind Seitensprünge und gelegentliche Flirts wahre Harakiri-Unternehmungen! Der brandrote Zorn und die lodernde Eifersucht sind im Stier eine wertbeständige Mitgift.

Glücklicherweise gibt es auch zarte, hilfsbedürftige, gemütsanfällige weibliche Wesen, die »behütet« oder

»beschützt« sein wollen. Für solche ist der Stiermann eine Art Atlantikwall, ein Betonbunker, eine Lebensversicherung! Das Anbandeln entfiele dann beiderseits, denn der Stiermann ist der geborene Beschützer, und sein Liebesfrühling hat kein Limit! Materiell kann so gut wie nichts passieren, denn unterm Stier findet man auch in der Wüste noch einen Grashalm. Er allein weiß, daß das meiste auf dieser Welt nicht über die brutale Tat und auch nicht über hochgradige Intelligenz zu erreichen ist, sondern einzig und allein über die Ausdauer – um nicht zu sagen: über die Sturheit eines langatmigen Willens, der nicht gerade Berge versetzen will, sondern nur Steinchen! Sollten Sie also mit ihm anbandeln, so brauchen Sie für Ihren ferneren Lebensweg kein Horoskop mehr – der Stiermann schnitzt es Ihnen.

Intelligent und raffiniert!

Wie bandle ich mit der Zwillings-Frau an?
(21. Mai bis 20. Juni)

Sie können versichert sein – diese Frau ist eine Meisterin des Anbandelns, denn sie ist so gut wie polygam, braucht Beziehungen, Verbindungen, Freunde, Plauderer und abendfüllende Unterhalter so nötig wie das tägliche Brot! Hat sie einen Mann, so hat sie später auch noch einen Hausfreund und manchmal sitzt sie zwischen zwei Stühlen infolge gewohnheitsmäßigen Anbandelns! Eine Zwillingsfrau ohne Scheidung ist eine Rarität (natürlich schuldlos!), denn sie verliert immer wieder einen.
Glücklicherweise läppern sich bei ihr so viele zusammen, daß niemals im Leben ein ernstlicher Mangel besteht. Dieses Mädchen wirkt »sammelnd«, und nach den dreißiger Lebensjahren hat sie so viele Erfahrungen, daß die Scheidungsanwälte mit ihr so gut wie gar keine Arbeit mehr haben. Aber natürlich braucht sie diese, denn sie kann sich keine Paragraphen merken.
Man beachte, daß eine Zwillingsfrau ein geistig gehobenes, spritziges, ideenreiches Anbandeln wünscht, verlangt und braucht! Playboys ohne Köpfchen und nur Sex bringen bei ihr keinen Nerv zum Singen! Übri-

gens – was das »Singen« betrifft im Sinne von falschen Tönen, lächerlicher »Angabe« oder geistig unterernährter »Conferencen«, so fallen Sie bei diesem Mädchen sofort flach – sie dreht sich um und geht, was Anbandeln völlig überflüssig macht. Wer ihr aber gefällt, wer »auf Draht ist« und seine Anbandel-Methoden mit schillernden Aperçus schmückt – dem erspart sie schon das meiste und kommt ihm verführerisch lächelnd entgegen. Sie hat ein Radargerät für Satire, Literatur und feinere Zwitschertöne und ist vom redefaulen Twen geistig nicht zu erreichen. Das Anbandeln mit ihr erfolgt fast immer beim Tanzen, auf Reisen, mit dem Auto oder beim Sport. Sie ist so gut wie stets »unterwegs«, und schon ab Mai beginnt sie dem Reisevirus zu unterliegen. Genau gesagt, ist es die Gier nach Neuem, aus der die »Neugier« entsteht. Glücklicherweise wird sie von jedem, der auf Anbandeln Wert legt, sofort gefunden, denn sie neigt zu Plaudereien, Diskussionen, Debatten und »Aussprachen«. Freilich – die angebandelten Männer sind nicht immer auf Anhieb die Richtigen, und dann unterliegt sie jenem nagenden Zweifel, ob nicht etwas »Besseres« nachkäme!
So sind Zwillingsfrauen erfahrene Evas und gucken den Kätzchen jene Lust ab, die sich aus dem Spielen mit der Maus ergibt – was eben dann zum Anbandeln führt! Es ist eine geistig erfrischende Tätigkeit und wirkt selbst auf ältere männliche Jahrgänge verjüngend. Die letzteren brauchen dann keine Abmagerungskur mehr – die Zwillingsfrau sorgt dafür! Es gibt keinen Stern und kein anderes Zeichen, das ähnlich große Anban-

del-Praxis mit sich brächte (außer Schütze!). Man braucht daher auch dieses Mädchen niemals »erwekken«, denn sie ist früher »wach«, als man denkt (was auch die Mütter und Väter von Zwillings-Teens manchmal bemerken).
Obgleich sie nun geistige Blitzlichter sehr liebt, nimmt sie doch von philosophischen Tiefenbohrungen Abstand, denn »bohrende Männer« sind ihr ein Greuel. Was sie wünscht, ist »geistiges Bewegtwerden«, denn ihr Weltbild verlangt nach Breitwandfilmen, nach Wechsel der Horizonte, der Tapeten und – der Liebesschwüre! Vom Wellensittich hat sie das Dauerzwitschern, von der ersten Eva die Neugier und von sich selbst ein wissendes Ahnen, das später in ahnendes Wissen übergeht! Männer, die sich im Anbandeln »hart« tun, sollten diese Frau grundsätzlich meiden!

Verlockend, »frech« und mit Einfällen!

Wie bandle ich mit dem Zwillings-Mann an?
(21. Mai bis 20. Juni)

Dieser Typ ist ein Gewohnheits-Anbandler! Er bandelt unentwegt weiter – selbst wenn er schon eine Frau hat. Gering geschätzt, kommt er auf zwei Ehen, meistens sogar drei – die illegalen Anbandelaffären überhaupt nicht gerechnet, da sie Legion sind.
Woher das kommt, fragen Sie? Er hat als Zwilling zwei Seelen in der Brust. Aber jede ist in sich selber nochmals gespalten – macht vier. Jede braucht Betätigung, vor allem Ergänzung – eine einzige Frau kann das gar nicht leisten.
Die Welt ohne Zwillingsmänner wäre ein Teig ohne Rosinen, ein Himmelbett ohne Daunen, ein Aquarium voll fetter Karpfen. Was die Frauen vom Himmelhoch-jauchzen zum Tode-betrübt-sein bringt, das ist der Zwillingsmann! Er brütet unentwegt neue Ideen aus – manchmal aus viereckigen Eiern – und vergißt sie wieder. Er redet, plaudert, flirtet – betörend, sinnverwirrend, intelligent, gekonnt! Er liebt und heiratet – zum ersten-, zum zweiten-, zum drittenmal. Er findet immer wieder eine – selbst auf einer Insel oder mitten in der Wüste! Es ist paradox: Mädchen, die ihn finden,

frohlocken anfänglich. Und Frauen, die ihn wieder verlieren – ebenfalls. Solange man ihn hat – und man hat ihn nie sehr lange! – sind Kino, Fernsehen, Krimis und Stimulantien völlig überflüssig. Natürlich sucht er nur so lange, bis er die »Beste« findet. Diese möchte er tatsächlich behalten. Aber er benötigt einen Harem, um zu wählen, zu vergleichen, zu prüfen. Es lockt ihn die eine – und verlockt ihn die andere.

Im »Behalten« sitzt der Wurm (nicht im »Finden«). Alle Strohfeuerchen sinken wieder in Asche zurück. Niemals aber streut er sich dieselbe aufs Haupt, sondern sucht lustig weiter, weil eben das Finden zu seinen Lieblingsbeschäftigungen gehört. Jegliches Finden aber verlangt vorher Anbandeln! Und so wurde er zum Anbandel-König schlechthin! Selbst steinalte Zwillingsmänner bandeln weiterhin an, denn unter diesem Zeichen setzt man eben kein Moos und keinen Kalk an. Der Reichtum besteht denn auch weniger in materiellen Werten als vielmehr in Erfahrungen! Das Kapital liegt im Kopf. Zwar kosten die Scheidungen im Laufe der Zeit viel Geld, aber niemals hängen sie dem Zwillingsmann zum Hals heraus! Im Ganzen muß er infolge vielseitigen Anbandelns die »Spesen der Liebe« etwas drücken, und so sind die Zwillingsmänner selten sehr großzügig, weil man die Liebe von der Steuer nicht absetzen kann. Auch das Haushaltsgeld muß so kalkuliert werden, daß auch für die Freundinnen noch eine Kleinigkeit abfällt. Keine Freundin wird jemals wieder ganz »abgeschrieben«, sondern auch alte Lieben werden gelegentlich wieder »reaktiviert«. Die Gattinnen,

die solche Freundinnen und Nebenbuhlerinnen »ausrotten« wollen, ähneln dem berühmten Syssiphus mit seinem Faßrollen auf einen Berg.
Zwillings-Ehen sind daher Gleichungen mit »mehreren Unbekannten«, und keine Gattin ist jemals mathematisch so auf der Höhe, daß sie bei diesen komplizierten Rechnungen auf die Dauer mitkommt. Auf dem Höhepunkt seiner Entwicklung, die höchster Anbandel-Routine gleichkommt, kann man dem Zwillingsmann überhaupt nichts mehr nachweisen. Der lächerlich kleine Rest, den findige Gattinnen gelegentlich noch erkunden, ist entweder schon überholt, verjährt oder hat gar keine Beweiskraft mehr, denn er wird einfach zerredet. Wer mit diesem Chef-Anbandler auf das siebente Ehejahr kommt, ist bereits über sich selbst hinausgewachsen und kann auf Wiederverkörperung im nächsten Leben verzichten, da er alle Erfahrungen bereits in einem einzigen Leben hinter sich gebracht hat. Man bezeichnet daher Zwillinge auch als »Nervenzeichen«!

Zärtlich und einfühlend!

Wie bandle ich mit der Krebs-Frau an?
(21. Juni bis 21. Juli)

Mit dem allezeit freundlichen Krebsmädchen anzubandeln, scheint ein Kinderspiel zu sein, denn sie lacht gern und zeigt ein freundliches, sympathisches Gemüt. Aber dem ist nicht so! Man hat es hier mit sehr hochherrschaftlichen Gefühlen zu tun, die ebenso hochfliegende Pläne und Ideen erzeugen, dies ganz besonders in jüngeren Jahren. Zwar reift die Krebsfrau schnell und büßt dann stets die schillerndsten Schwungfedern ein, so daß sie umgänglicher und zugänglicher wird für Anbandeleien. Man muß nur wissen, daß sie außerordentlich schnell »einschnappt« und leicht beleidigt, verletzt oder im Gemüt beschädigt wird! Dann zeigt sie die kalte Schulter und sogar ein hochmütiges Wesen (was aber nur Tarnung ist!).
Was nämlich die Liebe betrifft, so spielt die Krebsfrau jahrelang das Stück: »Des Meeres und der Liebe Wellen!« Die Liebe ist nämlich bei ihr wirklich ein Problem: Den man hat, der paßt selten. Was man möchte, kriegt man nicht herein. Hat man endlich einen, verliert man ihn gar nicht so selten. Und immer sucht man das Glück in der Ferne, reist, wandert und segelt über alle

Horizonte, denn überall scheint es schöner, attraktiver, verlockender zu sein als zu Hause. Später ist das gerade Gegenteil der Fall – man nähert sich dann wieder der Heimat und sucht – müde geworden – einen stabilen Ankerplatz.

Mit der Stabilität steht es schlecht – sowohl in der Liebe wie in der Ehe. Man wäre froh um ein Haus aus lauter Liebe und würde es mit den letzten bunten Tapeten der einstmals so exquisiten Wünsche und Hoffnungen schmücken! Wie dem auch sei – so klein die Insel auch sei, auf der sie endlich Anker wirft –, es wird ein Schmuckstück, ein buen retiro daraus. Das gefällt dann allemal auch jenen, die mit ihr angebandelt haben. Der Zugang zu diesem Mädchen führt natürlich übers Gemüt, das ein Prunkstück und eine Fundgrube an Gefühlen darstellt! Viele verwechseln dieses Gemüt mit einer Harfe und zupfen daran herum. Das bringt die Krebsfrau oft auf zwei legale Männer und diverse illegale Freunde. Das meiste bröckelt freilich wieder ab und zeigt Schwundtendenz wie die Mondphasen!

Den letzten, der einem bleibt, den hätschelt man, streichelt ihn und sagt ihm: Bei dir war es immer so schön! Ungelernte Anbandler schickt die Krebsfrau kurzerhand in die Wüste oder zerrupft sie. Die allzu versierten, die ihr eine Show geben wollen, entlarvt sie lächelnd. Übrig bleibt das Verlässige, Umsorgende und Gesicherte!

Ganz sicher ist allerdings so gut wie nichts, denn das Krebs-Schicksal zwingt mehr zu geistiger Kapitalbildung, und so gehört die Krebsfrau zu jenen fortgeschrittenen Seelen, denen Hausstöcke, Hypothekenzinsen und Geschäftsinvestitionen erspart bleiben. Ihre Ersparnisse sind daher mehr jenseitiger Natur, und so ergeht es der Krebsfrau wie den Spatzen auf dem Dach oder den Lilien auf dem Felde – irgendeiner ernährt sie schon und im schlimmsten Fall ernährt sich dieses Mädchen selbst.

Aus statistischer Anbandel-Erfahrung weiß man, daß die Löwe- und Wassermänner dieses zarte Wesen »beschützen« wollen, die Widdermänner fahren mit ihr Schlitten, die Steinbockmänner verschaffen ihr zwar ein wertbeständiges Schneckenhaus, aber nur die Fische und Skorpionmänner bemühen sich ernstlich um ihr Herz. Aber die Schnulze: »Ein Herz, das kann man nicht kaufen« – gilt ausschließlich für die Krebsfrau!

Raffiniert, listig, lockend!

Wie bandle ich mit dem Krebs-Mann an? (21. Juni bis 21. Juli)

Um mit einem Krebsmann erfolgreich anzubandeln, sollte man ihn bis ins Mark hinein kennen! Freilich – ein nackter Krebs ohne Schale ist in der Natur so gut wie gar nicht anzutreffen. Und so sind auch die männlichen Krebse, die dieses Schalentier mit Rückwärtsgang vom Schicksal verpaßt bekamen, wahre Meister im Verbergen und Tarnen ihres Innenlebens! Obwohl sie ein feinpoliertes, allezeit vibrierendes Seelenorgan besitzen mit weitreichender Antennenanlage, wollen sie doch niemandem so recht Einblick in den Schaltraum ihrer Gedanken und Empfindungen geben. Attraktiven und lockenden Sirenen mit raffinierten Schmeicheltechniken können sie aber in keinem Fall widerstehen und werden daher nach mehrmaliger Behandlung restlos reif für die Liebe!

Tatsache ist, daß er vor dem Entschluß zum Standesbeamten mehrmals »krebst« und ernstlich gekillt werden muß, denn einesteils hätte er schon Lust zu einem komfortablen Wigwam, aber andernteils scheut er die Verantwortung, den Verlust der Freiheit und die möglichen Konsequenzen vermehrter Arbeit.

Das Schönste an ihm ist sein hochgezüchtetes Nervensystem, das unwissenden Anbandlerinnen später mehr Kummer als Freude macht, denn es zwingt ihn zu rationiertem Genuß des Lebens und zu ständigem Lavieren zwischen Hoch und Tief. Dieser häufig verstimmte Seelenempfänger mit Fernbedienung ist leider abhängig vom Föhn, von Mondphasen, Klimaschwankungen und Gefühlsmüll.
Da er Streit, Hader und Ehekrieg aus nervlichem Selbstschutz meidet, zwingt ihn das Leben zu schauerlichen Kompromissen und einer freundlichen Konzilianz, die robuste Mädchen beinahe ermuntert, jeden Krebs rot kochen zu lassen. Aber hier ist für unwissende Anbandlerinnen eine Warnung am Platz: An der Nahtstelle zwischen freundlich-entgegenkommendem Gemüt und getretenem Selbstbewußtsein platzt dem Krebs der Panzer. Solchermaßen »außer sich« geraten, offenbart sich ein gediegenes Freiheits- und Unabhängigkeitsbewußtsein, das die Krebse unfähig zu Befehlsempfängern macht!
Das Sicherste an seinem Schicksal ist die Unsicherheit. Daß sie aber trotzdem niemals untergehen, ist ein Kuriosum und der psychologisch fundierte »Krebsgang« – zwei Schritte vor, einen zurück – bringt ihn zum Schluß doch vorwärts! Kaufmännisch orientierte Zuschauer solcher Lebensläufe unterm Krebs bekämen einen Herzinfarkt, denn es wechselt hier so ziemlich alles – der Beruf, die Positionen, die Wohnung, der Wohnort. In die innersten Reservate dringt nicht einmal die geübteste Anbandlerin! Hier kräuseln sich die Gedanken, Gefüh-

le, Stimmungen, denn wo die äußere Schale aufhört, beginnen die inneren Weichteile.
Sollten Sie sich als weibliche Interessentin für Krebse diesen Supermarkt von Stimmungen leisten wollen, so wäre es gut, nebenbei noch eine sichere Einnahme, einen Nebenberuf oder eine Erbtante zu haben. Zwar wäre Ihre Wohnung komfortabel, und wie arrivierte Leute einen swimming-pool besitzen, hätten Sie ein Planschbecken in Gefühlen. Selbst die Statistik hat es bewiesen, daß die Fischefrau mit dem Krebsmann leidenschaftlich gerne plätschert. Aber auch Skorpione verstehen sich mit Krebsen, und so wäre hier alles beisammen, was sich in einem Aquarium züchten läßt.

Seriös, später leidenschaftlich!

Wie bandle ich mit der Löwe-Frau an? (22. Juli bis 21. August)

Sie dürfen uns glauben: Die Löwefrau würde leidenschaftlich gern anbandeln, aber ihr angeborener Stolz, ihre Selbstachtung und ihr Verlangen nach »Anbetung« gestatten es ihr nicht! So muß sie in der Regel zuwarten, bis der Richtige kommt – aber was kommt schon im Leben über das Warten?! Zumal hier hohe und höchste Ansprüche an die Anbandler gestellt werden! Vor allem: Man beweise einmal, daß man nicht mit dem D-Zug durch die Kinderstube gerast ist. Eroberer und »Invasoren« fremder Mächte, die einst mit »Baby, Hällou und sweety« lockten, haben niemals eine Löwefrau erwischt! Hier waltet das Prinzip der Auslese. Man sollte es ruhig wissen, daß sich Juweliere, Modesalons und alle, die gehobenen Luxus fabrizieren, von Löwefrauen nähren. Selbst das Anbandeln muß hier in exquisiter Form und im Rahmen gehobenen Stils erfolgen, was natürlich Spesen verursacht, denn ein guter Eindruck verlangt Vorfinanzierung, Leihwagen, Nelken aus Nizza, Tulpen aus Amsterdam oder blutrote Rosen und wenn Brillanten, dann echte! Je eher Sie es erfahren, desto besser: Löwefrauen sind Mittelpunkte,

zentrale Fixsterne, um die ständig Trabanten kreisen sollen. Später gehören auch einige Freunde dazu, die Ehemänner wissen es gleich nach dem Standesamt, daß man Perlen nicht in Blech faßt.
Echtes Anbandeln mit Aussicht auf Beachtung kommt überhaupt nur über Titel, Position, »Figur« und – Charakter! Das ist viel verlangt, aber eine echte Löwefrau benötigt ganz einfach »Investitionen«! Dafür ist aber auch der Eintausch an Gefühlen bemerkenswert, denn die erste Liebe einer Löwefrau gleicht immer einem Kolossalgemälde in goldenem Rahmen. Später schrumpft es häufig zu einem Motivbild, und am Ende liegt es gepreßt im Herbarium des Familienalbums. Immerhin – die pompösen Ansprüche bewahren die Löwefrau vor mickrigen Anbandlern! Als Gegenleistung verbreitet sie Sonne um sich, will aber niemals im Verborgenen blühen, sondern benötigt Kulisse, Gesellschaft und etwas sozial angehobenen Wirbel. Im Nahkampf um die Liebe bzw. ihre Lieben ist sie mutig wie eine Löwin! Ihr Geburtsgestirn ist die Sonne – aber man weiß, daß auch diese häufig Flecken bekommt und dadurch verdunkelt wird. Dasselbe passiert der Löwefrau – manchmal verliert sie ihre Männer, oder die Männer verlieren ihr Geld, und es gibt Löwinnen, die zum Schluß wieder allein im Käfig sitzen und auf jegliches Anbandeln endgültig verzichten. Was man noch wissen sollte: Schindluder treibt man mit diesem Mädchen nicht!
Einige wurden schon zu »Trabanten«, denn die Sonne ist ein Zentralgestirn. Selbst dann liegt noch ein Zug von Generosität, Großmut und dezenter Herablassung

im Wesen der Löwefrau. Wird das Anbandeln akzeptiert, so folgt gleich darauf die Liebe, und auf diesem Sektor sollten Sie kein Stümper sein. Die Leidenschaften sind tief und die Gefühle werden schnell angeheizt. Auf Schnulzen fällt die Löwefrau so gut wie nie herein, wenn auch eine Edelschnulze auf sie zutrifft: »Ein Herz, das kann man nicht kaufen ... « Viele Löwinnen haben schon solche Geschenke gemacht und verarmten dann immer mehr. Ein Zeichen, daß dieses Mädchen zu gut ist für diese merkantile Welt! Trotzdem: Heben Sie Geld ab von der Bank, bevor Sie mit ihr anbandeln!

Zurückhaltend und vornehm (bis er platzt)

Wie bandle ich mit dem Löwe-Mann an? (22. Juli bis 21. August)

Als Löwemann geboren zu sein, ist ein Geschenk des Himmels, und irgendwie wissen das die Brüder! Daher stellen sie souveräne Ansprüche an die Liebe, die in ihrem Leben allemal zum Breitwandfilm wird! Man müßte eigentlich gar nicht anbandeln mit Löwen: Man stelle sich ins richtige Licht, gebe eine »Show« und wenn es sein muß im »Etuikleid« bis zum Platzen. Man spiele »Dame«, leihe sich einen Nerz von der Freundin und zeige dezent einige Fotos von fürstlichen Anbetern, denn ein Löwe will geehrt, geschmeichelt, ausgewählt sein, vor allem bevorzugt!

Jedes bessere Wappen hat seinen Löwen! Und jeder bessere Löwe will Postament sein, genauer gesagt: Monument. Die Inschrift darauf lautet »ICH« in Großbuchstaben. Niemand weiß so sehr um eigene Vorzüge und Überlegenheit, und die Gattinnen können daher gar nicht klug, schön und vornehm genug sein!

Nach dem Anbandeln verlangt der Löwe trotz Handkuß und formgerechtem »Benimm« doch allmählich Anbetung. Hier hapert es natürlich, denn einem modernen Teen ist selbst ein Löwe schnurz. So spielen daher nur noch die reiferen Restexemplare von Löwen Scheich, Dompteur oder Souverän. Freche Mädchen kraulen ihnen längst im Fell und pumpen sie auch noch an. Ganz pikfeine Löwen leben schon in einem Reservat oder Nationalpark.

Die übrigen machen heute viele Abwertungen mit und behelfen sich dann mit dem Größenwahn, weil er das einzige ist, was den Menschen noch aufrechthält. Als eheliches Großwild ist er heute immer noch sehr begehrt, und die auf ihn Jagd machen, wissen allerdings selten, was ihnen später blüht, wenn sie ihn einmal haben! Sie sitzen dann selber im Käfig und werden von Löwen huldvoll betreut.

Die abgewerteten Wappentiere, die nur noch im Büro brüllen, machen auch nervenschwachen Frauen keinen rechten Spaß. Mit dem Verlust an Respekt aber bringt man einen Löwen zum Selbstmord. Im Grunde hat es noch keinen Löwemann gegeben, der sozial wie materiell völlig abgerutscht wäre, denn er ist zuverlässig, will und muß Geld verdienen, denn Mammon ist sein Rückgrat. Die echten Grandseigneurs unter diesem Zeichen sind leider im Aussterben begriffen. Könige, Mäzene und geborene Majestäten waren darunter! Im Laufe der Zeit wurden aus diesen Löwen Textilhändler, Redakteure, Schauspieler, Künstler und selbständige Geschäftsleute. Sie haben zu kämpfen und können sich keine großzügigen Gesten mehr leisten. Der totale Umbruch und der Kampf in den Niederungen des Geldverdienens gehört heute leider zum Löwenschicksal. Immerhin – früher war es das Schafott oder das

Exil, heute nur noch der Konkurs. Den Löwen droht die Nivellierung, weil man sich bekanntlich einen »königlichen« Charakter nicht mehr leisten kann. Für ganz wilde Löwen ist aber in unserer Verbotstafel-Welt kein Platz mehr. Und Edelmut verlangt fundiertes Kapital, eine Erbschaft oder einen Lotteriegewinn. Dafür waren Löwen allezeit zu haben. Ältere Löwen sterben viel am Herzinfarkt und bekommen auf heftiges Brüllen Asthma. Man nehme also seinen Löwen, wenn man schon einen haben muß, wo immer man ihn bekommen kann. Über die Liebe ist er schnell zu haben und das Anbandeln macht keine Mühe, wenn man ihm ein wenig schmeichelt. Seien Sie ganz einfach chic, charmant und mondän!

Farbe bekennen und ohne alle Verzierung

Wie bandle ich mit der Jungfrau an? (22. August bis 21. September)

Wer mit einer Jungfrau anbandelt, muß auch die Folgen tragen! Diese Dame hat für illegales, schlecht fundiertes Liebesgeflüster so gut wie gar kein Interesse. Gewerbsmäßige Anbandler holen sich hier kalte Füße oder gar einen Schock. Sie glaubt Ihnen (falls sie das überhaupt tut!) nur ein einziges Mal. Wenn Sie dann nicht Farbe bekennen oder gar Märchen erzählen, können Sie ebensogut einem Eisschrank eine Liebeserklärung schenken. Das Sternbild Jungfrau hat mit der seligen »Jungfrau« so gut wie gar nichts zu tun, denn diese Mädchen sind maßlos »auf Draht« und verstehen ihre eigenen Gefühle zu analysieren, unter Umständen auch zu bremsen und – wenn es ein Irrtum gewesen sein sollte mit der Liebe – auch zu massakrieren. Jungfrau-Damen wenden hochnotpeinliche Ausleseverfahren an, testen ihre Anbandler eiskalt und pedantisch auf Herz und Nieren. Sie überlegen und rechnen, kalkulieren und reduzieren, vergleichen und erwägen, bis das halbwegs geliebte Objekt, bar aller Schwungfedern, vor den Röntgenaugen einer Jungfrau steht. Heiratet

sie ihn doch, so kann nicht mehr viel passieren. Ob es nun der Intellekt ist, der die Gefühle schlachtet oder ein eingebauter »Widerstand«, der vor Torheiten schützt – die Jungfrau-Dame weiß es selbst nicht genau zu sagen. Ihr Liebesglück hat eine gewisse Ähnlichkeit mit einem Auto, das bei gezogenen Bremsen fahren möchte. Routinierte Anbandler sollen nicht glauben, daß dieses Mädchen einen »Halt«, einen Versorger oder gar einen »Haushaltsvorstand« benötigt! Sie ist ein Muster an Fleiß und Tüchtigkeit, Verläßlichkeit und Genauigkeit. Alle Chefs erhöhen freiwillig ihr Gehalt, bevor sie geht! Es gäbe daher viele Interessenten für die Jungfrau-Dame, aber sie werden dermaßen auf Herz und Nieren geprüft, daß die meisten davon vorzeitig wieder verzichten. Für die Liebe ist dieses Mädchen nur langsam zu erwärmen und sie kann jahrelang in erotischer Quarantäne leben, bis eben der Richtige kommt!
Der »Richtige« – wir können es Ihnen gleich verraten, wäre ein Stier- oder Steinbockmann. Er müßte vorsichtig zu Werke gehen und allen Verzierungen entsagen, niemals mit der Tür ins Haus fallen und bescheiden, aber glaubhaft von seiner Zukunft, seinem Können, seinen Positionen reden. Ein solches Anbandel-Unternehmen verlangt Diplomatie, Zurückhaltung, Mäßigung und den Eindruck des »Seriösen«. Kommen solche Extras an Charakter tatsächlich in Frage, dann schmilzt die Jungfrau langsam und Sie werden sich über dieses Mädchen nicht zu beklagen haben! Alle anderen, die gewohnt sind, Luftschlösser zu bauen und wortreiche Conferencen zu halten, scheitern an diesem »Wi-

derstandsnest« und reden dann von der »Kühle« der Jungfrau, ohne zu ahnen, daß dieses Mädchen schon manchem ganz schön eingeheizt hat!
Sex-Sirenen sind unter keinen Umständen im Zeichen Jungfrau geboren, und somit schätzen Jungfrau-Damen den »Bohemièn-Typ«, den Playboy und den Massenanbandler in keiner Weise! Sie hören sich zwar vieles an, ohne jemals in Wallung zu kommen. Die »Sieggewohnten« aber werden sofort entschärft! Da eine Jungfrau zu vernichtender, eiskalter Kritik fähig ist, erstikken hier Propagandareden schon im Keim, und Lügen erweisen sich als Bumerangs. Die »unverbindlichen« Absichten alter Sünder werden zu Heiratsanträgen geläutert. Es ist nicht zu leugnen, daß die Jungfrau auch »Sachwerte« liebt nach dem Motto: Mit dem Geld kommt auch die Liebe.

Raffiniert, listig, diplomatisch!

Wie bandle ich mit dem Jungfrau-Mann an? (22. August bis 21. September)

Wir sagen es Ihnen gleich, falls Sie auf einen Jungfrau-Mann erpicht wären: Es ist sehr schwer, ihn mit gezielten Absichten »herumzukriegen« (zum Standesamt nämlich), aber es macht ihm stets Spaß, »angebandelt« zu werden, und manchmal macht er Ihnen etwas vor, während er im Geheimen ganz andere Absichten hat. Es hat zwar schon ebenso raffinierte Evas gegeben, die ihn »fingen«, aber das ist selten. In den seltensten Fällen benötigt er ein Horoskop oder gar Ihr Sternzeichen, zumal, wenn es etwas kostet. Er ist ein Typ, der auf »Nummer Sicher« geht, Spesen vermeidet und Zahlungen umgeht. Alles wird hier kalkuliert, berechnet, »eingeteilt« (auch die Liebe), rationiert! Sie haben (falls Sie ihn einmal haben) einen Steuerberater, Wirtschaftsprüfer, Lehrer und Kritiker geheiratet. Auch die »Sterne« scheitern an der Schläue, Berechnungsgabe und Vorsicht der Jungfrau-Männer, und es dürfte Sie interessieren, daß unter diesem Zeichen die wenigsten Scheidungen vorkommen – vielleicht, weil der Anwalt zu teuer ist. Nutzlos vertanes Geld aber schmerzt einen Jungfrau-Typ geradezu körperlich. Sie werden erst-

mals das Sparen, Wirtschaften, Einteilen lernen – allerdings beginnt damit auch Ihr Aufstieg, zwar nicht rasant, aber doch beständig. Von der Substanz zu leben, fällt keinem Jungfrau-Mann ein – er liebt die Zinsen, das Sparbuch, die merkantile Weltanschauung. Gerne würde er reisen mit Ihnen, aber die Hotelspesen ärgern ihn und so liebt er »Stützpunkte« billiger Art, weiß um alle Möglichkeiten, wie man größere Ausgaben vermeidet. »Dummheiten« macht er so gut wie keine, denn evtl. »illegale Gefühle« werden vom rechnenden Intellekt kurzerhand abgeschirmt.
Das Anbandeln ist hier (falls schon verheiratet und falls es vorkommen sollte) ein rein platonischer Sport, vor der Heirat aber ein »Ausleseverfahren« (nach zweckmäßigen Gesichtspunkten, wobei eine Frau nach allen Richtungen hin getestet wird – nicht zuletzt als Köchin)!
Mit solch kühlem Köpfchen und angereichert durch Schläue samt der Begabung, nirgends wesentlich anzuecken (am wenigsten bei den Vorgesetzten), kommt man über alle Runden des Lebens, und selbst sehr anbandelgewohnte Sex-Sirenen könnten dem Jungfraumann nicht gefährlich werden, da die Sirenen für ihn gar nicht tragbar wären, und andernteils mangelt es unter der Jungfrau an Bohémiens.
Wer ihn also haben möchte, zeige, was er kann! Mädchen dürfen um alles in der Welt keine Sirenen sein, sondern Hausmütterchen, kinderlieb, mit exzellenten Kochkünsten und einem Wissen um Haushaltungsbücher und Kalkulation! Die Besitzerinnen eines Jung-

fraumannes dürfen so gut wie niemals mehr anbandeln, denn dafür hat er keinen Sinn, wie er ja auch selbst infolge »Kopfbremse« niemals über die Stränge schlägt. Sollten Sie ein quicklebendiges, aufgekratztes Mädchen sein, so raten wir Ihnen zu anderen Liebesobjekten, denn der Pallisadenzaun der moralischen Betriebsvorschriften Ihrer Ehe mit einem Jungfraumann wäre unübersteigbar. Was Sie dafür eintauschen? Nun – Sicherheit vor allem und die gesicherte Endstation einer Pension. Häufig auch einen Titel! Mit dem rauhen, risikoreichen, amüsanten und aufregenden Leben haben Sie nur noch durch eine Art geistigen Schnorchel Kontakt. Viele Frauen träumen von solch friedlichem Laufstall. Also: Nehmen Sie ihn!

Charmant, elegant!

Wie bandle ich mit der Waage-Frau an? (22. September bis 22. Oktober)

Man darf es ruhig weitersagen: Die Waagefrau liebt Anbandeln sehr, denn sie lebt ja von den Freundschaften, Kontakten und Beziehungen. Allein gelassen, verkümmert sie, wird seelenkrank, weint vor sich hin oder – sucht sich einen neuen Freund! Das letztere kommt immer dann vor, wenn sie wieder einmal geschieden wurde (unschuldig!). Kein Mensch kann sagen (und die Waagefrau am wenigsten), warum in der Waage soviel geschieden wird. Es hat nur den einen Vorteil: Es wird auch immer wieder angebandelt unter diesem Stern, denn sein Name ist: Venus! Die Venus aber ist, wie jedermann weiß, ein wahrer Anbandel-Planet und dies schon seit uralten Zeiten, als die »Schaumgeborene« aus dem Meer stieg und vermutlich sofort mit den Fischern ein Techtelmechtel begann. Die Waagefrau ist von der Glücksgöttin Fortuna mit Glanz, Gefühlskomfort und jener bezaubernden Mischung von Sex mit Herz beliefert worden, die jedem Mann zum Schicksal wird. Allerdings – seit dem Altertum verlangt die Venus Bewunderung, Anbetung, Opfergaben und Liebe! Die berufsfrequentierten Anbandler von heute liefern das

nur noch teilweise – insbesondere mit den »Opfergaben« hapert es heute bekanntlich sehr! –, so daß so manche häusliche Venus gegenüber der antiken recht unterentwickelt dahinvegatiert und schließlich an Wertschwund eingeht.
Dieses Manko an öffentlichem Glanz und privater Anbetung kann keine Waagefrau verkraften und so kommt es also zu jener mysteriösen Scheidungsziffer von nahezu 70 Prozent unter diesem Zeichen. Männer gewöhnen sich eben an hübsche Frauen und werden nur noch wach, wenn andere, etwa Hausfreunde – dies ebenfalls bemerken. Anfänglich vom modischen Chic einer Waagefrau spürbar angezogen, reagieren sie sehr bald sauer, wenn sie das Anziehen dann selber bezahlen müssen. Eine Venus aber, die das Scheinwerferlicht öffentlicher Bewunderung so nötig braucht wie das tägliche Brot, kann im trüben Lämpchen häuslicher Sparflamme nicht gedeihen! Selbst im Büro ist sie noch ein Wesen von besonderem Charme, modischen Extras und äußerem Blickfang, was manch verheirateter Chef schneller bemerkt als der eigene Gatte. Nur ihre angeborene Diplomatie und das Überbrückungstalent verwandeln den Kolleginnenneid in ein erträgliches Betriebsklima. Man kann ihr allerdings nie ernstlich böse sein, und selbst vier Wochen nach dem Scheidungstermin bekommen frühere Besitzer wieder Sehnsucht nach ihrem verlorenem Glück!
Trotz heftiger Anbandel-Unternehmungen, die mit diesem Mädchen ständig vor sich gehen, muß manche Waagefrau öfters mal weinen – das Schicksal will es so.

Anfänglich vergöttert, steht sie eines Tages wieder mutterseelenallein vor den Tempelresten ihres Glücks, in das sich manchmal auch andere Leute (wie angeheiratete Verwandte usw.) hineinmischen, bis es eben platzt. Sehr seltsam – aber das 38. bis 47. Lebensjahr ist gemäß statistischen Erfahrungen ein neuer Anbandeltermin, der fast so turbulent wirkt wie die erste Zeit der jungen Liebe! So etwas verschönt natürlich und erhält jung. Kein Wunder, daß die Waagefrau beinahe zu allen Zeiten ihres anbandelreichen Lebens sehr gefragt ist, was nicht zuletzt auf das Konto ihres guten Geschmacks geht, denn die Accessoires einer Waagefrau sind stets up-to-date, und so erfreut denn eine attraktive Blume noch manch brummende Hummel in reiferen Jahren!

Über den »Blickfang« schmeichelnd, betörend!

Wie bandle ich mit dem Waage-Mann an? (22. September bis 22. Oktober)

Der Waagemann ist »visuell« eingestellt, d.h. er reagiert auf äußere Eindrücke, über »Formen«, Plastik, Mode, Eleganz! In zweiter Linie erliegt er gewissem (gekonntem) Schmeicheln, etwas Anbetung, vorsichtig und raffiniert angebrachtem Lob! Seien Sie aber vorsichtig, voll weiblicher Schläue, denn er hört augenblicklich falsche Töne aus Ihrem Musical heraus und ist trotz Eitelkeit und Geltungsbedürfnis stets empfindlich und schnell verletzbar! Die Waagemänner mögen uns verzeihen, aber wir müssen in unserem Buch auch weiblichen Anbandlerinnen so gut wie alles enthüllen, wenn es zu einer zweiten Auflage kommen soll!
Die Waagemänner ihrerseits bandeln enorm gern an und benötigen diese Freizeitgestaltung beinahe psychologisch als »Selbstbestätigung« ihres Wertes, ihrer Persönlichkeit und ihrer unwiderstehlichen Männlichkeit. Die letztere ist niemals rauhhaarig, sondern äußerst windschlüpfig, voller Feinbügelei und Politesse. Dazu kommt noch diplomatische Wendigkeit und die Fähigkeit zu geschliffener Konversation nebst einer angebo-

renen Anlage zum »Eindruck schinden«! Wenn Sie das wissen, können Sie einen Waagemann kunstvoll wikkeln, einnebeln und reif machen zum letzten Gang aufs Standesamt, den er übrigens im Gegensatz zu anderen sehr gerissenen Typen ganz gerne und ohne Widerstreben vornimmt. Wenn er es aber tut, sind Sie ganz gewiß die »Richtige«!

In der Ehe ist er lange Zeit Kavalier, denn er haßt jeglichen Streit und jede Auseinandersetzung, vermeidet alle Ecken des Anstoßes und paßt sich auf freundliche Weise anderen Weltanschauungen, Ansichten oder Wünschen tunlichst an. Zur Selbstaufgabe seines Wesens aber dürfen Sie ihn nicht zwingen! Beruflich sind Sie sehr zufrieden mit ihm, da er die Gabe besitzt, mit einem Zauberstab Felsen zu berühren, aus denen es alsbald tropft. Dies hängt mit den Beziehungen und Verbindungen zusammen, die immer um eine gesellschaftliche Stufe höher liegen, was den Aufstieg garantiert. Alles das ist ein Werk der Venus, der huldreich Schenkenden, die das Herz belebt, die Umgangsformen schleift, die Gesichtszüge verschönt und die Liebe manchmal mit Geschäft verquickt, was die Einheiraten ermöglicht. Die Geltungsansprüche an das eigene Horoskop unter der Waage sind tatsächlich fürstlich zu nennen, und man gibt sich nicht gerne mit Durchschnitt zufrieden. Die harten Entscheidungen allerdings schmerzen unter der Waage und man neigt eher dem Kompromiß zu.

Auch nach dem Anbandeln sollten Sie einen Waagemann freundlich, liebevoll und mit Charme behandeln, denn jeglicher Sturz aus den Wolken schmerzt hier bitter, verletztes Ichgefühl aber wirkt unter der Waage wie eine Zahnfistel! Kein Waagemann kann daher im anonymen Dunkel, im Schatten eines Größeren oder in der völligen Nichtbeachtung leben. Niemand hat daher solche Sehnsucht nach dem Parkett der Gesellschaft, und niemandem schmerzt es mehr, auf diesem Parkett auszugleiten.

Da Sie mit einem gesellschaftlich gehobenen Sternzeichen anbandelten, müssen Sie auch die Spielregeln einhalten, was Ihnen eine Leichtigkeit wäre, wenn Sie in Zwillinge oder Wassermann geboren wären. Aber auch Löwe- und Schützenfrauen empfinden einen Waagemann als ihr »bestes Stück«!

Aufs Ganze gehend – oder gar nicht!

Wie bandle ich mit der Skorpion-Frau an? (23. Oktober bis 21. November)

Mit diesem Mädchen anzubandeln, ist geradezu gefährlich – der Folgen wegen! Dieses Zeichen ist nämlich turbulent in Gefühlen, und eine Skorpionfrau ist zeitweilig Leidenschaften ausgesetzt, die einem mittleren Erdbeben ähneln. Es kommt freilich sehr darauf an, wieviel »Mars« im Gemüt vorhanden (Mars ist der Herrscher dieses Zeichens) ist. Etwas zuviel und sie wird herrschsüchtig, und die Angebandelten bekommen eine Vorahnung vom matriarchalischen Zeitalter! Keine Skorpionfrau aber ist herzlos, doch streut sie Liebe und Leidenschaften nicht wahllos unters männliche Volk, sondern prüft, testet, wählt, vergleicht und sieht den Dingen ins Mark. Jegliches Anbandeln ist also eine folgenschwere Handlung, denn bei evtl. Erfolg kommen Sie so gut wie nicht mehr davon: Sie werden in Ihren Absichten geläutert, denn der reine, absichtslose Flirt mit etwas Liebelei und Zuckerguß der Konversation hat bei dieser Frau keine Chancen, die in der Liebe manchmal durch Himmel und Hölle geht und keine halben Sachen liebt! Ihr Röntgenblick geht in die Tiefe und aus jeglichem Spiel wird bei ihr schnellstens Ernst.

Alle Skorpionfrauen haben mit Gefühlen und Leidenschaften zu kämpfen und sie wissen etwas vom Seelenleben eines Vulkans. Es gibt mancherlei Gefühlseruptionen und scheinbar erloschene Krater, die herumzündelnden Männern ganz schöne Überraschungen liefern. Ihr größtes Leiden ist die Eifersucht, die aus verletztem Stolz stammt, und daher müssen wir nebenberufliche Anbandler warnen, hauptberufliche aber aufklären, was ihnen blüht! Eine Skorpionfrau ist zu manchem fähig – aber Vergessen und Vergeben fällt am schwersten. Mißtrauen, Skepsis und Kritik sind zwar schützende Panzer, aber auch List und Schläue stecken hinter siebenfachen Schleiern, so daß Anbandler hier überhaupt nicht auslernen. Erstes Kapitel in diesem Studium der Skorpionfrau ist das Wissen um die besitzverlangende Liebe in kleinster Toleranzgrenze gegenüber Ehrverletzungen oder Einbußen im Stolz. Bevor eine Skorpionfrau spricht, handelt sie lieber. Die »behandelten« Freunde, Partner oder Ehemänner gelangen dann zur Erkenntnis, daß der Hang zur Polygamie oder zu weiterem Anbandeln reiner Selbstmord ist!
Sie würden überdies jahrelang »beschattet«, denn eine Skorpionfrau vergißt nichts. Ihr angeborener Hang zur Neugier verbündet sich mit psychologischem Fingerspitzengefühl oder Ahnungsvermögen, wann und wo etwas schief gewickelt ist.
Haben Sie sich aber vierundzwanzig Stunden nach dem Anbandeln für diese Dame aus dem Skorpion entschlossen, so muß es ein Entschluß fürs Leben sein. Wie Sie es auch immer anstellen, ob mit vorsichtiger

Zurückhaltung oder unvorsichtiger Leidenschaft – es wird ernst genommen und daher auch unser Rat: Ganz oder gar nicht!
»Aufgelockerte« Anbandeltechnik nützt Ihnen gar nichts. Was Sie wollen, weiß eine Skorpionfrau in den ersten fünf Minuten. Unseriöse Wünsche werden daher schnell entlarvt, mit den seriösen landen Sie mit Sicherheit auf dem Standesamt. Sie hätten das freilich niemals zu bereuen, denn in schlechten Zeiten, in Krisen oder Bewährungsproben haben Sie eine echte Lebenskameradin gefunden, die vor Schwierigkeiten niemals klein beigibt! Auch nicht vor ehelichen – im Skorpion findet mancher Krieg im Saal statt und in der Liebe ist viel Gewürz, nicht selten auch Pfeffer! Seien Sie vorsichtig – wir haben Sie gewarnt!

Anbandeln bestraft sich von selbst!

Wie bandle ich mit dem Skorpion-Mann an? (23. Oktober bis 21. November)

Eine Frau, die gern mit dem Feuer spielt, verbrennt sich mit dem Skorpionmann die Finger! Wer mit ihm anbandelt – ob harmlos-heiter oder neugierig-listig – muß wissen, daß dieses Zeichen äußerst sex-geladen, besitzergreifend ist! Ahnungslosen Engeln sei es daher gesagt: Zwei Zeichen gibt es, die die einmal erwählten Geliebten nie mehr preisgeben: Der Stier- und der Skorpionmann!

Mädchen, die noch einmal davonkommen möchten, sind in allen Fällen leicht beschädigt und fragen künftig jeden Mann nach seinem Geburtsdatum. Der Skorpionmann selbst braucht kein Horoskop mehr, hatte er eines, so biegt er es zurecht, bis die Sterne »passen«. Sein Stern ist der rote Mars und er funkt aus all seinen Knopflöchern. Es handelt sich um ausgesprochen »autoritäre« bis handfeste Weltanschauungen, und der Mars vermeidet bekanntlich keinen Streit. Er liebt die »Befehlsgewalt«, den Widerstand, die Reibung und die zähen, hartnäckigen Auseinandersetzungen, die den Besitzerinnen von Skorpionmännern so gut bekannt sind. Der Mars ist eben ein »militanter« Stern und hat

immer etwas von der streichelnden Milde eines geschliffenen Messers. Die von ihm Behandelten tragen manchmal Wunden im Gemüt davon, und so kommt es, daß die Anbandlerinnen mit diesem roten Stern schneller reifen als andere Frauen! Das Wort Gleichberechtigung kennt er nur vom Hörensagen, denn die Skorpione glauben an das Gleichnis von Hammer und Amboß, wobei sie selbstverständlich an die Rolle des Hammers denken! Das Leben unterm Skorpion ist etwas schicksalhaft, da die Ansichten und Überzeugungen äußerst unbeugsam sind und meistens anecken.
Gleich nach dem Anbandeln wissen die von den Skorpiongefühlen »Ergriffenen« von der Liebe Lust und Leid. Insbesondere von jener Lust, die mit Eifer sucht, was Leiden schafft! Die echten Freuden sind unterm Skorpion dünn gesät, denn der Mars ist ein Schwert- und Hoheitsträger und darf selten verzeihend lächeln. Es gibt daher viel essigsaure Kritik und hinsichtlich späterer »Überwachung« der Treue viel List und Schläue. Einmal angebandelt und im Besitz der Heiratsurkunde sollte man auf anderweitige Liebesfreuden völlig verzichten, da man sonst jahrelang auf des Messers Schneide lebt und »kriminalistisch« beobachtet wird (im Zeichen Sporpion sind besonders viele »Kriminaler« geboren!)
Freilich kommt es auch niemals mehr zu Pleiten, denn es fehlt hier nicht an Arbeitskraft und Zähigkeit. Das Ringen findet mehr in Gefühlen und Leidenschaften statt, das dieses Zeichen zu Liebe wie zum Haß gleichermaßen befähigt! Das Entlarven fremder Fehltritte

ist hier besonders gut ausgebildet und liegt den Skorpionen oft näher als der Glaube, und in jeder Suppe findet man das ominöse Haar.
Mädchen, die mit Skorpionmännern anbandeln, schnitzen also ihr Horoskop selber und sollten an diesem einmaligen Versuch Genüge finden, selbst dann, wenn es das erste Anbandeln gewesen wäre. Die Fische- und Krebsfrau könnte das seelisch bewältigen. Die übrigen zehn weiblichen Sterne sollten sich mit dieser ersten Eroberung aussöhnen, denn einen Skorpionmann kann man nicht mehr umtauschen – wer ihn hat, der hat ihn! Alles ist an ihm haltbar, stabil und nicht »kaputt zu kriegen«. Wenige können das von ihren Eroberungen sagen!

Entschlossen aufs Ganze gehen!

Wie bandle ich mit der Schütze-Frau an?
(22. November bis 20. Dezember)

Die Schützefrau ist ein gehobenes Anbandel-Objekt, die sich einesteils am Vernaschen von Männern wonniglich erfreut, andernteils aus dieser Beschäftigung viel Unruhe, Aufregung, Zwiespalte und Herzensirrtümer bezieht. Nicht zuletzt gehört sie zu den Stammkunden der Scheidungsanwälte und weiß mehr von Paragraphen als von einem Kochbuch!

Seelisch herangereift, wird sie zur Psychologin und stochert in den Nachtseelen der Männer herum, bis sie endlich den roten Faden wissender Erkenntnis gefunden hat: Die Männer taugen alle nichts: Der erste war unmöglich, der zweite nicht viel besser und der dritte auch nicht schlechter. Sie hat viele Aussprachen – teils mit Psychologen, Astrologen, Graphologen – teils mit den angebandelten Objekten direkt. Sie vergleicht solange, bis sie wieder einmal zwischen zwei Stühlen sitzt. Beim letzten bleibt sie – er hat meistens einen Titel, eine Position oder etwas »Sicheres«. Das hätte sie natürlich gleich haben können, aber sie will eben immer etwas »Besonderes«, geistig Attraktives oder sozial Arriviertes. Männer, die mit Schützefrauen anbandeln,

haben gar keine Zeit mehr für andere. Sie müssen sehr auf Draht sein, geistig keinesfalls unbemittelt oder unterernährt, denn eine Schützefrau will viel wissen – über Philosophie, Psychologie, Psychoanalyse, über Freud und Jung, Sex und Kinder und natürlich über Reisen. Am meisten braucht sie stets Trost oder Rat. Man sollte es rechtzeitig wissen: In ihrer verzwiebelten Seele sind viele Knöpfe gleich einem Paternoster. Ein Mann allein kann sie gar nicht alle entwirren. Der Mutige – ein Löwemann oder noch besser einer aus dem Kampfzeichen Widder sollte es sein – weiß alle ihre Probleme aus »einem Punkte zu kurieren«! Solange es »in diesem Punkte« hapert, ist die Schützefrau die unverwüstliche Eva im Suchen, Probieren und Nichtfindenkönnen! Den sie gefunden hat, nimmt ihr manchmal der Scheidungsanwalt wieder ab. Daß sie aber am Ende ihres aufregenden, aufreibenden, aber genußvollen Liebeslebens dennoch niemals allein steht, ist das große Wunder ihres Horoskops!
Das Anbandeln sollte anfänglich etwas »zeremoniell« vor sich gehen, später aber mutig, offenherzig und am Ende im Frontalangriff! Daß die Schützefrau »Zeremonien« liebt, hängt mit ihrem »Zug zum Höheren« zusammen! Sie will aber nicht unbedingt jemanden anbeten, sondern möchte selbst angebetet sein. Sie verlangt nach Rosinen im Teig der Liebe, im Zustand des Präludiums der Liebe aber vollendete Umgangsformen. Liebhaber oder Anbandler minderer Kinderstuben ahnen gar nicht, wie schnell sie bei der Schützefrau durchgefallen sind. Wenn manche Leute glauben, das

Gute liege in der Nähe, so sucht es die Schützefrau stets in der Ferne! Das Anbandeln mit ihr gelingt also »auswärts« besser, was mit geheimer Romantik zusammenhängt. Das »Wunderbare« und kaum Erreichbare hängt gleich Silberstreifen am Horizont dieses Mädchens, das niemals aufhört, auf bessere Zeiten, auf die große Liebe, den endgültig »Richtigen« zu hoffen. Diesen Heiligenschein, den sie aus Tränen webt, besitzt der Gefundene natürlich nie, und so wird ihre Ehe dann stets ein Kompromiß – aus Wunsch und Wirklichkeit. Beim »dritten Mann« klappt es meistens!

Hemmungslos und ohne Rücksicht auf Verluste!

Wie bandle ich mit dem Schütze-Mann an? (22. November bis 20. Dezember)

Alle Mädchen sollen es wissen: Schützemänner sind Gewohnheits-Anbandler und können diesem unseligen Drang bis ins hohe Alter hinauf nicht mehr widerstehen! Das verpflichtet Sie also zu keinerlei Rücksicht, denn er selbst will es so. Einmal angebandelt, brauchen Sie fast nichts mehr zu reden, denn er ist Alleinunterhalter, redet viel und fast nur über sich selbst. Später wird er eine Art Standbild (ähnlich wie der Löwemann), zu dem Sie aufschauen sollten – im übrigen müssen Sie lauschen und zuhören, weil Widerrede gar keinen Zweck hätte. Frauen, die dies satt haben, beginnen ganz plötzlich eines Tages ebenfalls zu reden – es wird die Abschiedsrede, und manchmal geht dabei Geschirr in Scherben. So etwas wundert Schützemänner maßlos und sie schütteln noch nach der Scheidung den Kopf, wie so etwas möglich war.

Natürlich ist es reines Unverstandensein, wenn Schützemänner geschieden werden – wollen sie denn nicht das Beste, sind sie nicht die Klügsten, streben sie nicht ständig nach dem Titel und nach sozialen Höhen?! Ge-

wiß – nach außen hin steht er auf einem Sockel – aber innen ist nicht alles Marmor! Hier ist manchmal eine weiche, sensible, zwiespältige Seele vorhanden mit einer Vielschichtigkeit der Ansichten, Gefühle, Entscheidungen, die an den Nerven frißt. Nach außen aber repräsentiert man und gibt eine Show. Nur die Frauen, die Schützemänner verwalten, bekochen, umsorgen und pflegen müssen, wissen Bescheid!
Man merkt es ihm nie an: Die größten Kämpfe finden in seiner eigenen Brust statt. Hier ist das Schlachtfeld des Für und Wider, der Wenn und Aber. Bis er weise wird, hat er schon viele Haare verloren und Sie erkennen ihn sogleich an seiner »Denkerstirn«. Um diese Zeit hat er aber auch schon die zweite oder dritte Frau. Was er an ihr nicht hereinbekommt, sucht er kurzerhand bei den Freundinnen, die aber auch nicht besser sind. Mit dem überlegenen Wissen, daß er für diese Welt zu gut, in seinem Wesen zu erhaben, in seinem Können überragend und für jede Frau zu intelligent ist, geht er schließlich in die innere Emigration, von Kopf bis Fuß ein Hoheitsträger. Da es aber mehr und mehr an Frauen fehlt, die ihren häuslichen Göttern Weihrauch streuen, hat er zeitlebens seine liebe Not in der Ehe.
Schützemänner sind ganz einfach geborene Erzähler (auch Märchen bekommen die Gattinnen zu hören) und spinnen ein kräftiges Garn, aus dem sich Seile drehen lassen. Am liebsten stehen sie daher vor einem Rednerpult, auf Kanzeln und gesellschaftlichen Anhöhen, von wo sie dann zum »Volk« sprechen! Hat der Schützemann kein Publikum, so redet er wenigstens

mit seiner Gattin, die ihn aber nach einiger Zeit so gut kennt, daß sie seine gesammelten Reden, Abenteuer, Erfolgsberichte und Großtaten auch ohne Tonbänder reproduzieren könnte. Hat dies keinen besonderen Widerhall mehr, so findet der Schützemann immer wieder eine Freundin, die nun ihrerseits bewundernd zu ihm aufblickt, bis auch sie eines Tages lächelt. Gleichgültig, was immer er erzählt – Heiratsversprechungen sind nie darunter. Sein Feld ist natürlich die Welt, und in jedem Städtchen hat er ein Mädchen. Ganz große Globetrotter der Liebe bringen es unterm Schützen auf drei Scheidungen. Bandeln Sie daher rücksichtslos mit ihm an – nichts bringt ihn um!

Die Karten offen auf den Tisch legen!

Wie bandle ich mit der Steinbock-Frau an? (21. Dezember bis 19. Januar)

Wenn Sie von einem unbezahlten Lottozettel einen Gewinn erwarten, dann können Sie ebenso gut mit einer Steinbockfrau anbandeln, ohne ernste Absichten zu haben: Beides führt zum gleichen Ergebnis: Nämlich zu nichts!

Jeglicher Flirt läutert sich unterm Steinbock zum Heiratsantrag. Alle Wünsche und Ziele werden umgeformt, bis sie sich zum großen Fernziel einen: Sicherheit und Aufstieg! Die ersehnten Früchte des Lebens werden freilich im späteren Leben erst pflückreif, und so manche Steinbockfrau weiß um die »Spätzündung« ihres Liebesglücks. Das Finden ist nämlich nicht immer leicht und ganz selten eine Sache des Glücks, weil die Sonde der Sicherheit auch an alle Dinge des Herzens gelegt wird.

Die unterschwelligen Strömungen der Melancholie, des Verzichts oder Resignation sind seelische Bewährungsproben, denn es geht in der Liebe über Abgründe und Reizstreifen. Das Vergessen und Vergeben aber gehört zu den allerschwersten Seelenprüfungen einer Steinbockfrau. Eifersucht grollt dicht neben verletztem

Stolz, und die Panzer des eigenen Ich werden nur in seltenen Fällen um mehr als einen Spalt geöffnet – für ein kurzfristiges und unverbindliches Spiel schon gar nicht! Schon das Wort »Anbandeln« ist für die Steinbockfrau ein unseriöser Begriff! Sie können es ja mal versuchen: Mit der »lockeren Tour« fallen Sie flach. Mit gezielten Wochenendausflügen gleich gar. Mit Vortäuschung von »Filmfassaden« (vorne Luxus, hinten nichts) gelingt Ihnen so gut wie nichts. Bleibt nur noch eines übrig: Aufdeckung Ihrer Karten, unter denen aber einige Trümpfe sein müssen! Beispielsweise ein Haus, evtl. Rückgebäude, eine gut aufgestockte Lebensversicherung, ein Titel mit Pensionsberechtigung, Liebesgeflüster mit existenzieller Untermalung! Dieses Mädchen – einmal endgültig errungen – wird Ihnen allerdings zur Garantie Ihres Aufstiegs, denn von jetzt an werden Sie »gemanaged«, zu Lebensernst und verantwortlicher Pflichterfüllung erzogen. Sie werden manches als leidvolle »Nacherziehung« empfinden, aber ein Zurück in voreheliche Verwahrlosung gibt es nicht mehr, wie auch das Finden weiterer Blümlein am Wege ausgeschlossen ist – die Steinbockfrau rupft sie Ihnen kahl bis auf den Stengel!
Eine Steinbockfrau anbandeln, heißt also diese Dame heiraten müssen! Schon ganz früh weiß das Steinbock-Mädchen, daß Ideale selten nähren, und so findet diese Frau Zinsen, Mieten und »Realitäten« als die schönsten Früchte dieses Lebens.
Mit Amor und seinem dämlichen Pfeilspiel hat sie überhaupt nichts zu tun – sie lenkt ihre Pfeile selber!

Meistens treffen sie begüterte, sozial arrivierte, materiell fundierte Männerherzen, und so wird aus l'amour immer wieder eine Lebensversicherung. Die gekonntesten Schnulzen weichen ihre Seele nicht auf, und auch alle Minnesänger, Märchenerzähler und Anwärter auf Bratpfannen-Verhältnisse müssen hier verzagen, denn von Anbeginn der Zeiten weiß sie: Liebe ist vergänglich wie ein schlecht angelegtes Kapital ohne Zinsen! Wer aber viel arbeitet, in Zahlen, Ziffern und Bankkonten denkt, hat wenig Zeit für die Liebe. Und das ist das stete Manko, das die Steinbockfrau in der Ehe erlebt, denn Geld und Liebe neiden einem selbst die Götter!

Heiter-zutraulich mit frechen Zwischentönen!

Wie bandle ich mit dem Steinbock-Mann an? (21. Dezember bis 19. Januar)

Mit ihm ist gut anbandeln, denn er liebt solche »Persönlichkeitserfolge« und Selbstbestätigung. Sie tun ihm bis in die Seele hinein wohl, da dieselbe sehr oft lädiert ist und nach Wärme verlangt. Freilich durchschaut er immer schnell die Beweggründe, läßt sich dies aber keinesfalls anmerken!

Auch gelernte Anbandlerinnen täuschen sich in ihm – wenn er nicht mag, fällt schnell Frost auf die ersten hoffnungsvollen Blüten. Er hat hohe Ansprüche und will später seine Gattin »herzeigen« können, denn selbst auf gesellschaftlichem Parkett will er keinesfalls übersehen werden. Hat man endlich seinen Steinbock, ist man gut aufgehoben, aber nicht ununterbrochen von der Liebe angestrahlt! Er hat auch noch anderes zu tun – schon vier Wochen nach dem Standesamt. Die Liebe ist für ihn periodisch wichtig – der Beruf aber lebenswichtig! Manche Anbandlerinnen stört das laue, kühle oder beherrschte Betriebsklima in der Ehe später. Sie wußten nicht, daß der Steinbock ein »kletterndes« Zeichen darstellt und daß zutiefst im Herzen nicht immer die

Liebe, sondern der Ehrgeiz brennt. Mit Verbissenheit und geistiger Unbeugsamkeit geht er daher nach oben, türmt Groschen auf Groschen und wird dann zur wandelnden Sparkasse. Zu gegebener Zeit mißtraut er auch noch der Sparkasse und verwandelt dann Geld in Grundstücke und Häuser. Hat er das erste, läppert sich immer noch ein zweites hinzu. Aber selbst mit einem Wohnblock bleibt er immer noch bescheiden, sparsam, kalkulierend und will – je vermögender er wird – keinesfalls auffallen. Gerne zeigt er dann später seinen Kindern (die aber meistens aus der Art schlagen), aus welch winzigem Samen seine Bäume wuchsen! Vielleicht ahnen Sie bereits, daß Sie zu diesem Aufstieg einige »Opfer« beitragen müßten in Form von Verzichten! Ernstliches kann Ihnen freilich nicht mehr passieren, da jeder Steinbockmann aus Mißtrauen, Vorsicht und Lebensangst jegliche Art von »Sicherungen«, selbstverständlich auch Versicherungen, in sein Leben einbaut.
Glück – und das sollten Sie wissen – besteht unterm Steinbock nicht etwa in leichtfertigem Genuß oder im Geldausgeben, sondern im Sparen, Sammeln, in der Mäßigkeit und der Anhäufung von »irdischem Besitz«! Vor dem Anbandeln muß es einem gesagt werden: Viele Freuden, manch anmutiges Spielchen und jegliches Rasten ist auf diesem Entwicklungsweg zu steilen Höhen versagt. Sind nämlich die ersten Aussichtskanzeln in zähem Fleiß und geduldiger Kleinarbeit erreicht, so gewahrt Ihr Steinbock, daß es rund um ihn herum neue Berge und noch höhere Ziele gibt. Und so macht er sich

geduldig auf den Weg und klettert weiter. Was ihn dabei antreibt, ist der Motor des Ehrgeizes, des Verlangens nach »Macht«, Aufstieg und Autorität. Der steigende Pegel des Besitzes ist ihm also Seelenspeise, und ganz früh weiß er schon, daß Ideale nicht ernähren. Die schönsten Früchte werden allerdings unterm Steinbock erst im letzten Lebensdrittel pflückreif. Sie müßten also auch etwas »warten« können, falls Ihnen Freuden lieber wären als Pflichten. Übrigens – manche Steinböcke haben im Alter »Nachholbedarf« (weil sie in der Jugend infolge Arbeit zu kurz kamen). Wenn Sie das erleben, kommen auch Sie noch zu Ihrem Vergnügen!

Heiter, beschwingt, und mit originellen Ideen!

Wie bandle ich mit der Wassermann-Frau an? (20. Januar bis 18. Februar)

Dieses Mädchen ist anbandel-sympathisch, liebt Freunde, die sie aber nicht gleich leidenschaftlich heiraten will – welch ein Genuß für originelle Anbandler unverbindlicher Natur!
Beachten Sie aber, daß diese Dame eine Antenne besitzt, die auf Witz, Satire und höheren Unfug anspricht! Sie müssen also geistig auf Draht sein und irgend etwas bieten können – was aber mit materiellem Besitz nichts zu tun hat! Die Liebe kann hier in ein Maleratelier oder eine Dichterwerkstatt fallen, möglichst in etwas »Ausgefallenes«, Unkonventionelles, Nicht-Alltägliches. Gewöhnliche materielle Ramschläden und kaufmännische Supermarkets ziehen keine echte Wassermannfrau an, denn sie liebt geistige bis künstlerische Investitionen, tanzt rhythmisch, treibt Gymnastik, liebt Antiquitäten, klassische Malerei, betreibt Literatur oder reist. Später stiehlt sie mit Ihnen Pferde, campt unter allen Sternen, oder wird außer Haus erst lebendig.
Um Ihnen dieses Mädchen zu analysieren, müssen wir etwas weiter ausholen: Als nämlich in der Schöpfungs-

geschichte die Wassermannfrau in Verkehr gesetzt wurde, war der liebe Gott von den vorausgegangenen zehn Tierkreiszeichen schon etwas müde geworden und erkannte, daß es immer noch an etwas fehlte: Am Humor und an der Satire! Was da unten herumwimmelte, war teils mit »tierischem Ernst«, teils mit seelischem Tiefgang beladen. So kam es zur Idee der Wassermann-Menschen, die – wie könnte es anders sein – mitten in den Fasching hineingeboren wurden! Die Faschings-Ideen einer Wassermannfrau begeistern denn auch heute noch die jeweiligen Besitzer und Anbandler dieser Frau.

Und es gibt auch tatsächlich keine Weltanschauung, kein Hobby, keinen ausgefallenen Beruf oder amüsantes Spielchen, das die Wassermannfrau nicht am eigenen Leib ausprobiert. Freilich nicht alles auf einmal, sondern abwechselnd – eines nach dem anderen. In der Liebe gibt es mehrfach wechselnde Abenteuer, und eines davon wird mehr als aufregend und führt fast zum Verlust des Erreichten – das 33./34. und 42./43. Lebensjahr sind solche Bewährungsproben und Umbrüche!

Bleiben Sie (falls Sie sich eine Wassermannfrau angelacht haben) bei dem Grundsatz: Nicht wundern, nur staunen!

Sie müssen nur vor dem Anbandeln wissen: Ihr Liebling aus diesem geistigen Kernspaltungszeichen ist ein überwiegend heiteres Geschöpf mit großem Gerechtigkeitsgefühl, lacht gerne, hat aber doch einen tiefenpsychologisch geschulten Blick und nebenbei einen steten Juckreiz zum Unfug! Trotzdem hat sie viel Herz zu verschenken (und nie zu verkaufen!), manchmal sogar ohne Gegenwert und Sicherheiten bis zum seelischen Ruin.

Dafür ist sie aber die geborene Freundin und vermag Seelenbeichten, Lebensläufe, Geschäftsberichte anzuhören, ohne zu platzen.

Übrigens – zu einer Wassermannfrau kommt man wie zu einem Schnupfen. Gelungenste Pointe: Wenn man dann glaubt, dieses Mädchen endgültig und todsicher zu »besitzen«, dann geht sie! Und ward nie mehr gesehen.

Die Umbrüche, das »Neue«, das Finden und Verlieren, die große Liebe und die jähe Trennung – das alles gehört zu Ihrem Schicksal. Wenn Sie sich dem gewachsen fühlen – bitte: Bandeln Sie an!

Gut zuhörend, anschmiegsam, voll freundschaftlicher Umgarnung!

Wie bandle ich mit dem Wassermann an? (20. Januar bis 28. Februar)

Man braucht so gut wie gar nicht anzubandeln: Fällt man ihnen auf, bandeln sie voll verbissener Hartnäkkigkeit und Ausdauer an, und dann kann man zusehen, wie man sie – wieder anbringt!

Dieses Zeichen ist so kurios wie die Ideen, die in den geistigen Schatullen der Wassermänner geboren werden: Es ist treu in den Freundschaften und braucht Freundinnen in der Ehe! Ein Paradox, so scheint es auf den ersten Blick. Aber die psychologische Grundursache liegt anderswo: Man will »frei sein«, in den Bindungen, Entschlüssen, auch in der Ehe! Man möchte die Fiktion aufrechterhalten, daß »man tun kann, was man will«. Intelligente Anbandlerinnen achten diese geistigen Fechser und gießen sie noch mit dem Wein der Gläubigkeit. Denn aller »Zwang«, alles »Tun müssen«, macht ihn widerspenstig, kopfscheu, auflehnend!

Es ist im Grunde nur die Taktik einer routinierten Kindergärtnerin oder psychologisch versierten Briefkastentante. Ein richtig behandelter und fachgerecht angebandelter Wassermann muß im Glauben leben, »alles

freiwillig«, aus eigenem Entschluß zu tun. Das gilt aber für den Heiratsentschluß am meisten! Gewiß – es dauert mörderisch lange, bis man ihn so weit hat. Ein wirkungsvoller Tip für ratlose Anbandlerinnen: Waren Sie schon (für Ihre Begriffe) zu lange seine Freundin, haben Sie schon zuviel Gefühl investiert und möchten nun endlich reifende Früchte sehen, so stellen Sie keine »Termine«, keine Heiratswünsche, sondern reden Sie vorsichtig, diplomatisch und gekonnt von einem neu aufgetauchten Anbandler und einer Chance, die Sie zur »Entscheidung« zwingt. Wenn Sie ihm eine echte, schon unentbehrlich gewordene Freundin waren, so treibt ihn das freiwillig in den Corral. Dieses Rezept hat nie versagt! Höchstens dann, wenn er noch eine zweite, bessere Freundin hätte.
In der Ehe werden viele Besitzerinnen von Wassermännern kopfscheu, eifersüchtig und nervös, da er halt schon wieder eine Freundin hat – wie einst im Mai. Lächeln Sie am Anfang – es kommt der Tag, wo er Ihnen etwas beichtet, wo er evtl. sogar neuen Liebeskummer – bei Ihnen ablädt, weil er wiederum eine Freundin braucht, bei der er sich »aussprechen« kann. Wenn Sie als Gattin diese Freundin noch einmal werden können – haben Sie gewonnen – für ewige Zeiten! Lachen Sie nicht darüber – aber unterm Wassermann gibt es nichts, was es nicht gibt! Wer Wassermänner behalten will, muß Lebenskünstler sein.
Nebenbei hat er im Beruf immer Hobbies – daran müssen Sie sich gewöhnen! Alles »Neue« ist eine gewisse Zeit in Flutlicht getaucht und Früheres wird vergessen.

Sie müßten also wissen: Unter diesem Zeichen lebt man vom Kopf, von Ideen, Einfällen, die aber nicht gängiger Natur sind. Oft tragen sie den Stempel des Eigenbaus – schlicht ausgedrückt, fabriziert das Zeichen Wassermann viel Eigensinn!
Man würde auch unaufhörlich damit anecken, aber diese Ideen sind so freundlich verpackt und meist mit Charme etikettiert. Und so werden Sie bald erkannt haben: Wassermänner kann man nicht umgarnieren, verändern oder umtauschen!

Mit reiner Liebe und etwas Romantik!

Wie bandle ich mit der Fische-Frau an? (19. Februar bis 20. März)

Diese Frau wird als einzige vom Schicksal zum Anbandeln gezwungen, da sie immer wieder einen verliert – schuldlos natürlich. Wenn Männer zuweilen mit Schmetterlingen verglichen werden, dann sind Fischefrauen die Blüten! Man nascht und nippelt an ihnen, lobt ihre schöne Seele, streicht ihre Gefühle wie Honig aufs Brot der Liebe und rupft sie dann schließlich bis zum Stengel. Obwohl das einer Fischefrau mehrmals im Leben passiert, verzeiht und glaubt sie immer wieder – es ist das reinste Wunder!

Ist sie endlich soweit entblättert, daß ihr dieser Glaube doch allmählich schwerfällt, ersetzt sie ihn durch Wunschträume, Phantasie und Illusionen. Im letzten Stadium braucht sie zum Glauben schon einen Schnaps!

Es bandeln ungeheuer viel an bei der Fischefrau – aber die meisten wollen nur etwas von ihr, andere sind bereits verheiratet, und eine ganze Reihe von Fischefrauen sind selber schon geschieden. Viele geheime Schicksalsfäden verknoten sich im Horoskop dieses Mädchens zu einem Knopf. Hinzu kommt, daß das empfindsame, tolerante und hingebungsvolle Gemüt einer Fischefrau

den abgefeimten Anbandel-Praktiken gewerbsmäßiger Eroberernaturen einfach nicht gewachsen ist! Selbst wenn die Brüder längst schon wieder über alle Berge sind, denkt die Fischefrau noch manchmal ihrer mit einer heimlichen Träne an den Wimpern, weshalb eben Perlen – diese verzauberten Tränen des Liebeskummers – zum Talismann der Fischefrau gehören!
Nur Sadisten unter Anbandlern behaupten, durch Tränen würde eine Fischefrau erst schön. Wir aber wissen es: die echten Tränen bleiben ungeweint, die anderen sind nur Tarnwaffen. Die Kämpfe finden im Untergrund statt, und die Wunschträume sind von solch exklusiver Art, daß sie vom öffentlichen Heiratsmarkt gar nicht mehr erfüllt werden können. Aber es ehrt dieses in der Liebe nimmermüde Mädchen, daß es auf dem Kompost verwelkter Gefühle immer aufs neue Rosen züchtet! Aber der lebenslängliche Ringkampf mit den Gefühlen strapaziert das Fische-Herz gewaltig! Oft und oft muß sich die Fischefrau am eigenen Zopf aus dem Stimmungssumpf ziehen, und man weiß, daß sie immer wieder an die eheliche Angel geht, obwohl so mancher getarnte Hecht ihren lieblichen Goldfischteich zu hohen Wellen aufrührt. Immer noch einmal glaubt sie, mit Hilfe von Liebe und Güte aus diesem Hecht einen friedlichen Karpfen zu machen. Reifere Fischefrauen verlieren daher mehrmals die Schuppen (von den Augen) und stehen dann, solchermaßen seelisch geschuppt und entgrätet, vor dem Nichts.
Erfahrene Anbandler behaupten, die Fischefrau hätte tatsächlich Fischblut in den Adern und gehöre noch in

die Gruppe der Nixen und Undinen, die zwar mit verführerischen Reizen locken, dem Becircten dann aber keine reine Freude bringen. Nun – diese Brüder, die ohnedies auch in Nachbarteichen angeln, sollen ruhig zappeln, denn ganz im geheimen weiß man, daß auch die schönste Nixe unter den Fischen nur schwer auf ein stabiles Gefühlsminimum kommt und immer wieder gezwungen wird, Netze zu flicken und neue Maschen zu knüpfen. Da alle lauwarmen Gefühle keine echten Freuden bringen, investiert die Fischefrau am Schluß nur noch das nötigste und betreibt eine Akrobatik der Anpassung. Wenn aber einer kommt, der wieder einmal streichelt, betört, verspricht und von Liebe flötet, ist aller Widerstand wieder im Eimer!

Schlau, gerissen, gekonnt!

Wie bandle ich mit dem Fische-Mann an?
(19. Februar bis 20. März)

Ihn herumzubringen, ist ein schweres Stück Arbeit, denn er beherrscht sämtliche Anbandel-Taktiken und betreibt diesen Sport selber leidenschaftlich – in und außer Haus, im Beruf und auf Reisen und wo immer eine Chance lockt. Er vermag sich herrlich gekonnt und glaubwürdig in die Seelenwärme einer Frau hineinzukuscheln, und nicht wenige haben hier schon bei vermögenden Witwen und anderen günstigen »Gelegenheiten« einen festen Nistplatz bezogen.

»Hoffnung auf Glück« wird daher bei Fischemännern zum Hormon der Seele, und diese Stimulantien helfen ein Leben lang auf die Beine. Hoffnung kommt aus Phantasie, und Spekulationen sind der Stoff, aus dem die Träume fabriziert werden. Kein Fischemann ohne spekulative Ambitionen, wenn er auch einige Male im Leben die Abwertung übertriebener Hoffnungen betreiben muß. Indessen fallen Pläne und Wünsche hier auf fruchtbaren Boden und beginnen von Jugend an schnell zu wuchern und ins Kraut zu schießen, weshalb viele Architekten von Luftschlössern unter den Fischen geboren sind. Das Wandern über Regenbogen und das intuitive Wissen, wie man sich günstig bettet, gehören zu den Stimulantien, die das Leben erhöhen!

Das Märchen von den träumenden Fischen ist aber beim männlichen Typ dieses Zeichens nicht mehr länger aufrechtzuerhalten. Zwar gibt es viele »zufallende« Glücksfälle bei den Fischen, aber von den späteren Aussichtskanzeln der Erfahrung auf die drei ersten Jahrzehnte zurückblickend, gewahrt man doch staunend, daß das meiste über die eigene Arbeit oder das eigene Können kam. Manchmal war die ererbte Basis, oder die Heirat, ein soziales Sprungbrett. Aber das »große Los« – der Jugendtraum – blieb fast immer aus. Einige unter den Fischen gehen gern »in Deckung«, etwa beim Staat oder im Schatten von Mächtigen. Andere intuitive Fährtensucher wandern auf geheimen Pfaden und picken Rosinen aus fertiggebackenen Kuchen, die ältere Witwen oder einsame Herzen für sie bereithalten. Immer ist Zwielichtiges im Bereich der Fische, und auch in der Liebe wird heftig gebastelt, denn es handelt sich um viele Kompromisse: es lenzt eben schon halb, aber es graupelt auch noch. Und in der Seele herrscht auch zuweilen Tiefdruck nach dem Motto: wie es da drinnen aussieht, geht niemand was an! Hieraus entsteht auch der Zug zum (vergorenen) Wasser, denn das gemütvoll auswattierte Innenleben ist zu gut für diese schäbige Welt. Er würde lieber Wohltaten erweisen – gäbe man ihm das Geld dazu; auch ist es sein Schicksal, daß er als Fisch zuweilen »schwimmt«, und wer möchte es ihm verübeln, daß er dann auch noch säuft? Aber – paradox genug – mit Hilfe von Alkohol

bekommt er wieder Boden unter die Füße – ein Symptom, das nur veredelte Gemüter kennen!
Den Anbandlerinnen – den neugierigen – steht eine Lebensaufgabe bevor, und nur wenige sind diesen Pflichten gewachsen: sie müssen den Fischemann betreuen, lieben, bekochen, trösten und streicheln, vor Fehltritten bewahren und seelisch stützen! Mit sich allein gelassen, treibt er viel Unfug, und in reiferem Stadium kann er überhaupt nicht mehr allein sein. Nach außen hin macht er manchmal Wirbel, aber zutiefst im Innern möchte er – seine Ruhe!
Wenn er auf festen Fundamenten steht, die schon von anderen vorfinanziert wurden, nehmen Sie teil an seinem Glück. Wenn er aber von des Meeres und der Liebe Wellen geschaukelt wird, so lernen Sie rechtzeitig – schwimmen!